FLORA

Das große Buch der ZIMMER-, BALKON- UND KÜBELPFLANZEN

NAUMANN & GÖBEL

Impressum

Naumann & Göbel Verlagsgesellschaft mbH in der
VEMAG Verlags- und Medien Aktiengesellschaft, Köln

Verantwortlich für den Inhalt: *Johannes Haller*
Art Direktor: *Jutta Besser-Lahtz* • **Lektorat:** *Dagmar Rust*
Bildbeschaffung: *Susanne Dulz* • **Satztechnik:** *Jens Pahl*
Titelgestaltung: *Naumann & Göbel*
Reproduktion: *MWW Repro, Hamburg*
Für dieses Buch wurden Beiträge und Fotos
der Zeitschrift FLORA überarbeitet und erweitert.
Gesamtherstellung: *Naumann & Göbel Verlagsgesellschaft mbH*
in der VEMAG Verlags- und Medien Aktiengesellschaft, Köln

ISBN 3-625-10680-9

FLORA

Das große Buch der ZIMMER-, BALKON- UND KÜBELPFLANZEN

Zimmerpflanzen für jeden Raum.
Mit Topf- und Kübelpflanzen
für Balkon und Terrasse.
Dazu Kurzporträts von 144 Pflanzen.

NAUMANN & GÖBEL

Inhalt

ZIMMERPFLANZEN

Die richtige Pflanze für jeden Raum 6
Welche Pflanze für welches Fenster? 20
Pflanzen für dunkle Ecken 28
Kräuter auf der Fensterbank 30
Grüne Riesen 34
Pflanzen in Gesellschaft 36
Unkomplizierte Orchideen 40
Pflanzen in Hydrokultur 42
Kletterpflanzen 46
Pflanzen mit bunten Blättern 50
Schöne Winterblüher 54
Zimmerpalmen 58
Farne für drinnen 60
Kakteen 62
Zimmerbonsais 66
Bromeliengewächse 68
Zimmerpflanzen richtig gepflegt 70
Zimmerpflanzen von A bis Z 154

BALKONPFLANZEN

Balkonsaison vom Frühling bis zum Winter **78**
Balkons in schönen Farben **96**
Balkons wie in den Ferien **104**
Kräuter in Kästen und Kübeln **114**
Der duftende Balkon **116**
Wasser auf dem Balkon **118**
Ein Balkon wie ein Bauerngarten **120**
Balkon für Kinder **122**
Ampelpflanzen **124**
Ranker und Kletterer **126**
Rosentraum auf dem Balkon **128**
Geliebte Geranien **132**
Neuheit Surfinia **134**
Balkonpflanzen richtig gepflegt **136**
Balkonpflanzen von A bis Z **178**

KÜBELPFLANZEN

Mobiles Grün **142**
Kübelpflanzen richtig gepflegt **150**
Kübelpflanzen von A bis Z **184**

Register **190**

Schöner wohnen mit vielen Pflanzen

Zimmerpflanzen machen einen Raum rundum lebendig, setzen blühende Akzente und sind grüne Blickpunkte.

Blütenpracht zu jeder Jahreszeit. Im Winter schmücken Azaleen das Zimmer.

Für jedes Zimmer die richtigen Pflanzen

In den meisten Wohnungen gibt es Räume mit kleinen und größeren Fenstern, sonnig oder schattiger gelegen, warm oder kühler im Winter, mit trockener oder feuchterer Luft. So sollte sich immer für jede Pflanze der ideale Platz finden lassen. Auf den folgenden Seiten sind Vorschläge vom grünen Wohnzimmer bis zum Dschungelbad.

Ein Wohnzimmer mit einem so großen Fenster
bietet viele Pflanzenplätze auf der Fensterbank,
unter der Decke, auf dem Fußboden.

Schöner Blickpunkt im Wohnraum ist eine kleine Pflanzengruppe. Azalee, Palme und auch die exotische Pachira stehen gern etwas kühler.

Sehr dekorativ ist ein grüner Vorhang aus langen Blattranken. Efeu fühlt sich auch im Schatten wohl.

Bambus gehört auch im Zimmer zu den schnellwachsenden Pflanzen – wenn er viel Licht und Wasser hat.

Viel Platz im Wohnzimmer

Beliebtester Pflanzenplatz ist der Wohnraum: weil man sich dort am häufigsten aufhält.

Vom Standort her ist ein Wohnzimmer meist ideal. Es hat fast immer genügend Platz. Die Fenster sind in der Regel groß und oft nach Süden ausgerichtet, so daß viel Licht hereinfällt.

Ist es so, dann fühlen sich alle Pflanzen wohl, die viel Sonne mögen. Solche, die lieber im Halbschatten stehen, kann man einfach ein Stück vom Fenster weg ins Zimmer rücken.

Etwas problematisch wird ein Wohnzimmer im Winter, weil es meist gut geheizt ist. Dann muß man manche Pflanzen in einen kühleren Raum umquartieren und bei denen, die im Wohnzimmer bleiben, durch Sprühen oder mit einem elektrischen Luftbefeuchter für ein besseres Klima sorgen.

Manche Wohnräume haben aber auch wandhohe Glasflächen und dadurch keine Fensterbänke. Stellen Sie dann einfach große Kübelpflanzen auf den Fußboden. Kleinere Pflanzen sehen auf einem Rollbrett wie ein kleiner Garten aus.

Im Wohnzimmer kann man auch hübsche Arrangements gestalten: Pflanzengruppen auf einem kleinen Tisch oder einem halbhohen Schrank zusammenstellen. Natürlich muß an solchen Plätzen genügend Licht sein – echtes oder künstlich geschaffenes.

Schlafen wie im Dschungel

Schlafräume werden noch viel zu wenig für Pflanzen genutzt.

Schlafzimmer werden meist weniger stark geheizt als Wohnräume. Deshalb sind sie ideale Winterquartiere für all jene Pflanzen, die dann gern kühler stehen. Azaleen und Alpenveilchen blühen hier besonders lange. Palmen kommen ohne braune Blattspitzen über die kritische Zeit. Kakteen können sich auf die Blüte vorbereiten.

Aber auch im Sommer sollten Sie die Schlafstube nicht ganz pflanzenlos lassen. Denn dort scheint in vielen Wohnungen die milde Morgensonne ins Fenster – für die meisten Zimmerpflanzen (außer den sonnenhungrigen Südländern) gibt es kein besseres Licht.

Was Sie lieber draußen vor der Schlafzimmertür lassen sollten, sind stark duftende Pflanzen wie Jasmin, Duftgeranien und ähnliche Gewächse. Sie können leicht Kopfschmerzen verursachen.

Darum, daß Pflanzen Ihnen nachts Sauerstoff wegnehmen, müssen Sie sich keine Sorgen machen. Zwar nehmen sie Sauerstoff aus der Luft auf – aber so wenig, daß es nicht ins Gewicht fällt.

Dekorative Pflanzen machen ein
Schlafzimmer wohnlicher. Zimmerlinde und anderes
Grün schätzen die niedrigeren Temperaturen.

Die Monstera fühlt sich auch in einem weniger hellen Flur wohl – wenn es nicht zieht.

Grünes zur Begrüßung

Selbst im kleinen Flur findet sich ein Platz für Pflanzen.

Ein echter Pflanzenfreund gibt sich gleich hinter der Haus- oder Wohnungstür zu erkennen: mit schönen Topfpflanzen in Flur und Treppenhaus.

Allerdings geht es in den meisten Fluren eng zu. Trotzdem gibt es viele Möglichkeiten für Pflanzen. Stellen Sie eine schlanke Yucca neben den Garderobenständer. Lassen Sie eine Tradeskantie von der Hutablage rieseln und einen Efeu die Treppenhauswand hochklettern. Steigern Sie die Wirkung einer Blütenpflanze, indem sie vor einen Spiegel gestellt wird.

Mit der Helligkeit allerdings steht es in vielen Eingangsräumen schlecht. Die Fenster sind, wenn überhaupt vorhanden, klein. Nehmen Sie deshalb Pflanzen, die auch im Schatten gut gedeihen. Oder sorgen Sie mit Pflanzenleuchten für zusätzliches Licht.

Da Treppenhäuser und Dielen wenig geheizt werden, sind sie, wenn Größe und Licht stimmen, auch ein guter Winterplatz für Pflanzen, die ab Oktober kühl stehen wollen. Auf keinen Fall aber darf es dort ziehen. Dann lassen die meisten Pflanzen schnell die Blätter fallen.

Doppelt schön ist der Russische Wein vor dem Garderobenspiegel. Zu dunkel darf es nicht sein.

Auch in einem größeren Flur reichen zwei bis drei Pflanzen. Hier sind es Zimmeraralie und eine Schefflera mit Efeu als Untermieter im Topf.

Auch ein Platz für Pflanzen: ein breiter Holzrahmen, der an Ketten von der Decke hängt. Hier fühlen sich Farne und Efeu wohl.

Kochen wie im Garten

Küchen sind meist ein Pflanzen-Niemandsland. Das sollten Sie ändern!

Die Luftfeuchtigkeit ist in einer Küche immer relativ hoch. Tägliches Kochen und der Abwasch sorgen dafür. Andererseits wird in der Küche häufig gelüftet. Deshalb sind hier auch die Temperaturschwankungen ziemlich groß. Empfindliche Pflanzen sollten Sie hier also nicht unterbringen.
Gut geeignet sind dagegen Pflanzen wie die unverwüstliche Grünlilie, Farne, Philodendren und die robuste Efeutute.
Leider ist der Platz in den meisten Küchen knapp, und die horizontalen Flächen werden zum großen Teil zum Arbeiten gebraucht. Einen grünen Dschungel werden Sie hier also kaum verwirklichen können. Aber mit einzelnen Pflanzen lassen sich leicht Akzente setzen, läßt sich der sterile Eindruck von Fliesen und glänzenden Stahlflächen mildern.
Belebend wirken zum Beispiel schon einige Pflanzen auf dem Fensterbrett. Ein Eßplatz in der Küche hat immer Platz für eine schöne Pflanze, die dann in einem dekorativen Übertopf stehen sollte. Andere Pflanzen können Sie seitlich vom Fenster in Drahtkörben aufhängen.
Ideal ist das Küchenklima auch zur Anzucht und Vermehrung. Vielleicht richten Sie auf der Fensterbank einen grünen Kindergarten ein. Aufpassen sollten Sie aber, wenn Sie mit Gas kochen: das vertragen die meisten Pflanzen nicht.

Baden unter Palmen

Mit Zimmerpflanzen wird ein kahles Bad zur tropischen Oase.

Wer sein Bad in eine grüne Oase verwandelt, tut nicht nur seinen Pflanzen, sondern auch sich selbst etwas Gutes. Denn die meisten Badezimmer sehen nackt und kahl aus, von Badevergnügen keine Spur. Schon ein einziger üppiger Farn, der vielleicht auf der Abtrennung zwischen Wanne und Dusche steht, kann Wunder wirken. Voraussetzung für die Begrünung ist allerdings ein Fenster, also ausreichend Licht.

Natürlich bieten sich auch in jedem Badezimmer zunächst die Fensterbänke zum Begrünen an. Bei Milchglas oder geriffelten Scheiben, wie sie in Bädern häufig sind, können dichtblättrige Pflanzen sogar die Gardine ersetzen. Wer neben den Pflanzen Rollos oder Gardinen am Fenster hat, muß darauf achten, daß diese geschlossen werden können, ohne den Pflanzen zu schaden.

Auch auf dem Fußboden ist fast immer eine Ecke übrig, die sich für eine hohe, schlanke Pflanze eignet wie ein Zypergras oder eine Kokospalme.

Wenn genug Platz vorhanden ist, kann man sogar ein paar Hänge-

Orchideen und Flamingoblume blühen im Bad richtig auf. Aber auch viele Grünpflanzen schätzen das feuchtwarme Tropenklima.

körbchen an einer Seite über der Wanne befestigen. Bubiköpfchen, verschiedene Bromelien, aber auch Efeutute und Kolumnee profitieren vom aufsteigenden Dampf.
Orchideen sollten auch im Bad ein Blickpunkt sein. Vielleicht haben Sie Platz für einen Rollwagen, der in der unteren Etage Handtücher aufnimmt und sich oben mit Orchideen schmückt.
Kleine Pflanzen wie Simse, Usambaraveilchen, Zwergpfeffer und Korallenmoos machen sich auch auf Regalbrettern zwischen den Schönheitspflegemitteln gut. Allerdings dürfen sie nicht von Sprays eingenebelt werden.

Zierspargel sind gute Badbewohner. Sie wachsen üppig wie sonst nirgendwo.

Auch Zimmerbambus und Frauenhaar schätzen Wärme und hohe Luftfeuchtigkeit.

Pflanzen für jedes Fenster

Ob Pflanzen in der Wohnung gut gedeihen, hängt vor allem vom Standort ab. Den einen kann es gar nicht sonnig genug sein; andere kommen selbst im Schatten gut zurecht. Suchen Sie für jede das passende Fenster.

Fenster nach Osten oder Westen sind für die meisten Pflanzen ideal.

Am Sonnenfenster fühlen sich viele Südländer wohl, wie Bougainvillea und Hibiskus, Oleander und Orangenbäumchen, Yucca und Banane.

Sonnen-anbeter am Südfenster

Blütenpracht, Pflanzen mit Früchten, Kakteen und andere Sukkulenten – so sieht ein Sonnenfenster aus.

Ein Fenster Richtung Süden – das ist in vielen Wohnungen das große Wohnzimmerfenster, mit reichlich Platz für Pflanzen. Wenn die Sonne scheint, dann scheint sie am Südfenster vom Vormittag bis zum späten Nachmittag. Das mögen vor allem Pflanzen, die in südlichen Ländern zu Hause sind: Bougainvillea, Oleander, Hibiskus, Agave, Banane, Orangenbäumchen. Allerdings brauchen diese Südländer auch recht

Bougainvillea, Jasmin, Hornklee und Kakteen kann es nicht sonnig genug sein.

Am Südfenster läßt sich eine ganze Zitrusplantage einrichten: mit Orangen- und Zitronenbäumchen, Kumquat und anderen Verwandten.

PFLANZENAUSWAHL FÜRS SÜDFENSTER

Neben den im Text genannten eignen sich vor allem diese Pflanzen für sonnige Südfenster:
Blütenpflanzen: *Christusdorn, Echeverie, Gerbera, Goldtrompete, Granatapfel, Jasmin, Kalla, Kußmäulchen, Myrte, Passionsblume, Topfrose, Wüstenrose, Zylinderputzer.*
Blattpflanzen: *Affenschaukel, Ananas, Avocado, Brutblatt, Buntnessel, Dattelpalme, Flaschenbaum, Geldbaum, Grünlilie, Korallenstrauch, Kroton, Yucca, Zimmerbambus.*

viel Pflege und Aufmerksamkeit. Wer ein Südfenster pflegeleicht bestücken will, sollte zu so altbekannten Pflanzen wie Sansevierie, Flammendem Käthchen oder zu Kakteen greifen.

● Pflanzen fürs Südfenster erkennt man oft an ihren Blättern. Sind sie klein und dick, behaart oder lederartig, sind es in den meisten Fällen sonnenhungrige Pflanzen. Bekommt eine Pflanze am Südfenster allerdings scharf begrenzte braune Flecken auf den Blättern, dann leidet sie unter Sonnenbrand und muß schleunigst schattiger gestellt werden. Steht kein anderes Fenster zur Verfügung, rücken Sie die Pflanze etwas weiter ins Zimmer hinein oder schattieren sie in den Mittagsstunden mit einem Stück Pappe oder einem mit Schattierleinen bespannten Rahmen.

In einem sonnigen Sommer kann es am Südfenster sehr heiß werden und zum Hitzestau kommen. Dann sollten Sie häufig lüften, die Pflanzen morgens und abends besprühen, vielleicht sogar zweimal am Tag gießen.

Schlecht geeignet für Sonnenfenster sind dunkle Plastiktöpfe, weil sich darin die Erde zusätzlich aufheizen kann. Abhilfe schaffen helle Übertöpfe.

Eine schöne Mischung aus Blättern und Blüten: Zimmerlinde, Zypergras, Drachenbaum und Grünlilie, Begonien, Glockenblumen und Primel.

Reiche Auswahl fürs Ost- und Westfenster

Für viele Pflanzen gibt es kein besseres Fenster. Hier finden sich alte Bekannte, aber auch neue Exoten.

Ein typisches Ostfenster in vielen Wohnungen ist das im Schlafzimmer: Morgens wird man von den ersten Sonnenstrahlen geweckt. An der Westseite eines Hauses liegen häufig Kinderzimmer, Eßplätze und ähnliche Räume. Also solche, die meist mit Pflanzen nur spärlich bestückt werden.
Schade drum: Es gibt für die meisten Zimmerpflanzen kein besseres Licht als die milde Morgen- oder Abendsonne. Am Ost- oder Westfenster fühlen sich alle Pflanzen wohl, deren Standort in Beschreibungen mit hell oder halbschattig angegeben wird. Das ist der größte Teil dessen, was Sie im Blumenladen sehen. Im milden Licht der Morgensonne, am Ostfenster also, gedeihen auch Schattenkinder ganz gut, wenn man sie etwas weiter ins Zimmer rückt.
Am Westfenster mit der etwas intensiveren Nachmittagssonne kommen auch sonnenhungrige Pflanzen gut zurecht, wenn sie direkt an der Scheibe stehen.
Ein halbschattiges Fenster kann ganz nach Wunsch eine bunte Blütenfülle bieten, zum Beispiel mit Glockenblumen, Gardenien, Alpenveilchen oder Orchideen. Man kann es auch in einen Blätterwald verwandeln, mit Palmen, Palisander und Radermachera.
Grundsätzlich kann man sagen, daß die meisten Pflanzen mit großen, weichen Blättern dieses sanfte Licht schätzen, ebenso fast alle buntblättrigen und zweifarbigen. Während zum Beispiel grüne Dieffenbachien und Efeu am Nordfenster wachsen, gehören weißgefleckte Verwandte ans Ost- oder Westfenster.
● Und noch ein Tip: Die Morgensonne wird als wachstumsfördernd bezeichnet. Saatschalen und Stecklingstöpfe sollten Sie deshalb am Ostfenster aufstellen.

PFLANZEN FÜR OST- UND WESTFENSTER

Neben den im Text genannten eignen sich vor allem diese Pflanzen für Ost- und Westfenster:
Blütenpflanzen: *Blütenbegonie, Brunfelsie, Dipladenie, Gloriose, Gloxinie, Katzenschwanz, Kranzschlinge, Schiefteller, Schönmalve.*
Blattpflanzen: *Blattbegonie, Efeuaralie, Fensterblatt, Fingeraralie, Grevillea, Kaffeebaum, Keulenlilie, Schefflera, Zimmerhafer, Zimmertanne.*

Die meisten buntblättrigen Pflanzen lieben einen Platz im Halbschatten.

Nordfenster: Viel Blatt, wenig Blüte

Grün in Variationen – so präsentiert sich ein Schattenfenster, das nach Norden zeigt.

Ein Fenster Richtung Norden – das könnte zu einem Arbeitszimmer gehören, zu Bad oder Küche. Meist ist es relativ klein und somit schnell mit Pflanzen gefüllt.

Bei vielen Pflanzenfreunden hat das Nordfenster einen schlechten Ruf. Ganz zu Unrecht! Zwar wird man hier nie die Blütenfülle sehen, wie sie am Südfenster möglich ist. Dafür kann sich das Schattenfenster in einen grünen Blätterdschungel verwandeln, wobei Farbe und Form der Blätter zahlreiche Variationen bieten: von den feinen „Nadeln" eines Zierspargels bis hin zu den Riesenblättern eines Geweihfarns, von den lindgrünen Wedeln einer Bergpalme bis hin zum bläulichgrünen Efeulaub.

Spärlicher vertreten am schattigen Nordfenster sind Blütenpflanzen. Den meisten reicht das Licht auf Dauer nicht. Wer das

Schattig, aber nicht pflanzenlos: Am Nordfenster fühlen sich Efeu, Kriechfeige, Palme, Schefflera, Einblatt und Anthurie wohl.

Blütensortiment erweitern will, kann für drei, vier Wochen kurzlebige Blumen wie Primeln, Cinerarien, Chrysanthemen dazustellen, die nach dem Welken wie ein Blumenstrauß weggeworfen werden. Oder man wählt solche Pflanzen, die eigentlich den Halbschatten bevorzugen. Sie brauchen aber immer wieder eine längere Erholungspause am Ost- oder Westfenster.

● Einen Vorteil haben die Schattengewächse: Wer mit so wenig Licht auskommt, gehört in der Regel zu den robusten Pflanzen, ist anspruchslos, macht also auch wenig Arbeit.

Ein Nordfenster sollte allerdings etwas häufiger als andere geputzt werden, damit das wenige Licht, das hereinfällt, nicht noch von einem Belag an der Scheibe geschluckt wird.

PFLANZENAUSWAHL FÜRS NORDFENSTER

Neben den im Text genannten eignen sich vor allem diese Pflanzen für schattige Nordfenster:
Blütenpflanzen: *Einblatt, Flamingoblume, Hortensie, Fuchsie, Fleißiges Lieschen, Usambaraveilchen, Wachsblume.*
Blattpflanzen: *Dieffenbachie, Drachenbaum, Farn, Gummibaum, Klimme, Kolbenfaden, Philodendron, Schusterpalme, Tradeskantie, Zimmeraralie.*

Die meisten Farne kommen mit wenig Licht aus, brauchen aber feuchte Luft.

Stehen Pflanzen so dunkel wie diese auf
den Treppenstufen, reicht das natürliche Licht
zum guten Gedeihen meist nicht aus.

Keine Pflanze ohne Licht

Wenn das Licht für die Pflanzen in einigen Ecken nicht reicht, helfen Pflanzenleuchten.

Licht brauchen Pflanzen zum Wachsen, zum Blühen, zum guten Gedeihen. Ihr Lichtbedarf aber ist sehr unterschiedlich. Kakteen etwa benötigen pralle Sonne auf der Fensterbank. Für den Gummibaum oder die Schusterpalme wäre diese Helligkeit zu viel. Ihnen reicht etwa ein Drittel der Lichtmenge.

Bekommen Pflanzen jedoch gar kein Licht, gehen selbst die genügsamsten ein. Dunkel aber ist es für Gewächse schon zwei Meter vom Fensterbrett entfernt. Denn die Lichtintensität nimmt mit jedem Zentimeter Entfernung rapide ab. Stehen Pflanzen weit im Zimmer, in einem dunklen Flur oder lichtlosen Badezimmer, müssen Sie Kunstlicht installieren.

Normale Glühlampen sind nicht geeignet: Sie strahlen soviel Hitze ab, daß Pflanzen verbrennen können. Im Fachhandel gibt es spezielle Pflanzenleuchten. So eine Leuchte sollte direkt über der Pflanze hängen, mit mindestens 60 cm Abstand von der Pflanzenspitze. Hängt die Leuchte noch höher, wird zwar die bestrahlte Fläche größer, aber die Lichtintensität nimmt ab.

Bei Pflanzengruppen installieren Sie besser zwei oder mehr Leuchten. Sind Pflanzen ausschließlich auf Kunstlicht angewiesen, muß die Leuchte 12 bis 16 Stunden am Tag brennen. Als Zusatz zum Tageslicht reichen vier bis acht Stunden.

Pflanzenleuchten sollten möglichst direkt über einer Pflanze hängen, natürlich mit Abstand, damit die Blätter nicht verbrennen.

Würze von der Fensterbank

Für Kräuter braucht man keinen Garten. Sie wachsen auch im Haus.

Für alles ist ein Kraut gewachsen, für jeden Geschmack und für jedes Rezept. Da im Haus aber meist nur ein begrenzter Platz zur Verfügung steht, will die Auswahl überlegt sein.

● Besonders gut in Gefäßen im Haus wachsen Basilikum, Kerbel, Kresse, Petersilie, Rosmarin, Schnittlauch, Thymian und Zitronenmelisse. Einen Versuch aber können Sie mit allen Kräutern machen.

Viele Kräuter kann man selbst aussäen. Da aber, von den Unentbehrlichen wie Petersilie und Schnittlauch einmal abgesehen, oft schon eine Pflanze für den täglichen Bedarf reicht, kauft man sie besser vorgezogen im kleinen Topf. Aber möglichst nicht in der Gemüseabteilung des Supermarktes (diese Kräuter sind für den schnellen Verbrauch angetrieben), sondern besser im Gartencenter. Dort ist die Auswahl auch größer.

● Die Küche ist als Kräutergarten besonders gut geeignet. Nicht nur, weil Sie die Würze dort, wo sie ge-

Damit sie gut gedeihen, brauchen
Rosmarin, Borretsch, Zitronenmelisse und
Thymian einen Platz am hellen Fenster.

braucht wird, gleich zur Hand haben. Sondern vor allem deshalb, weil die Luft durch das Kochen meist etwas feuchter ist als in anderen Räumen. Und das tut den Kräutern gut.
Damit sie kräftig wachsen, brauchen die Kräuter aber auch viel frische Luft. Öffnen Sie das Fenster deshalb etwas häufiger, als Sie es normalerweise tun würden.
Schließlich sind ein paar Stunden Sonne am Tag notwendig. Ein Ost- oder Westfenster ist gut geeignet, am Südfenster müssen Sie an heißen Sommertagen etwas schattieren, am dunklen Nordfenster wird die Ernte mager ausfallen. Weichen Sie dann besser auf einen anderen Raum aus.
Für Kräuter in Gefäßen gilt: Je mehr Erde darin ist, desto besser gedeihen sie. Pflanzen Sie deshalb die Kräuter auch nicht zu eng, denn sie breiten sich noch aus. Vor allem Rosmarin und Zitronenmelisse, die beide ein beachtliches Format erreichen können, brauchen unbedingt einen großen Topf für sich allein. Die meisten Kräuter gedeihen in der üblichen Einheitserde recht gut. Manche Kräuter allerdings wie Basilikum, Lavendel, Majoran, Rosmarin, Salbei und Thymian schätzen einen durchlässigen, mageren Boden. Mischen Sie bei diesen der Erde ein Viertel Sand zu.
Fürs Gießen gilt: regelmäßig, aber mäßig. Düngen dürfen Sie nur schwach, zu gut genährte Kräuter verlieren an Aroma. Am besten verwenden Sie organische Volldünger mit niedrigem Stickstoffanteil. Zum Nachdüngen reicht für Kräuter die Hälfte der angegebenen Menge.
Zum Sommerende hin sollten Sie auch die mehrjährigen Kräuter komplett abernten und als Wintervorrat verwahren. Denn statt sie unter meist schlechten Bedingungen im Zimmer gerade eben über den Winter zu bringen, sollte man besser im nächsten Frühjahr wieder neue kräftige Pflanzen kaufen.

Zur Kräuter-Grundausstattung gehören Schnittlauch, Petersilie, Kerbel, Kresse, Borretsch.

Für die feine Salatküche kann man auch ein paar Spezialitäten wie Zitronenmelisse, Estragon und Brunnenkresse gebrauchen.

Giganten liegen im Trend

Erstaunlich, wie schnell aus mancher Topfpflanze ein schmückender Riese werden kann.

Fast jeder Zimmergärtner träumt von riesigen Zimmerpflanzen – und begräbt den Traum, wenn er beim Blumenhändler die Preise erfährt. Ein paar hundert Mark müssen Sie für eine große Palme, eine Birkenfeige, Yucca oder Zimmerlinde schon ausgeben.

Es geht aber auch preiswerter. Manchen Pflanzen kann man nämlich beim Wachsen buchstäblich zuschauen. Das heißt: Sie fangen mit einer kleinen Pflanze für zwanzig Mark an, haben dann zwei oder drei Jahre später einen grünen Riesen in der Wohnung.

Zu den Superschnellen, die bei idealen Bedingungen fast einen Meter im Jahr wachsen können, gehören Banane und Zimmerlinde. Auch sehr schnell sind Geigenfeige, Palisander, Schönmalve und Schefflera.

Wer klein einsteigt, sollte die Pflanzen, so lange sie noch wachsen, in jedem Jahr im Frühjahr und Herbst in einen größeren Topf und frische Erde setzen. Das Umtop-

Manche Pflanzen wie die Birkenfeige können in kurzer Zeit zu einem grünen Riesen heranwachsen. Auch die Yucca wird schnell groß.

fen im Herbst schafft bessere Lebensbedingungen für die dunkle Jahreszeit.
Was groß ist und viele Blätter hat, braucht auch viel Nahrung. Düngen Sie während der Wachstumszeit etwa alle zehn Tage.
So gut gepflegt, taucht bei einem grünen Riesen irgendwann ein neues Problem auf: Die Pflanze stößt an die Decke. Verschenken muß nicht sein; die meisten Riesen kriegt man wieder kleiner. Bei verzweigt wachsenden wie der Zimmerlinde werden die Triebe in gewünschter Höhe gekappt.
Solche mit holzigen Stämmen wie der Gummibaum werden abgemoost. Bei einer Yucca können Sie die längsten Seitentriebe abschneiden oder den Stamm selbst mit einer Säge kürzen. Nur Palmen lassen sich nicht kappen.
Die beste Zeit, um aus Riesen wieder Zwerge zu machen, ist das Frühjahr. Dann kommen die neuen Triebe in den Genuß des reichlich vorhandenen Lichts.
Mit zunehmender Größe werden Riesenpflanzen immer unbeweglicher. Am besten setzt man sie deshalb gleich auf Rollbretter oder in Kübel mit untermontierten Rollen.

Noch relativ neu auf dem Markt ist die Pachira, ein pflegeleichtes Zimmerbäumchen.

Eine wunderschöne, romantische Gruppe: rosa Röschen, ein winziges Usambaraveilchen, Efeu und ein Myrtenbäumchen in einem Silberkorb.

Pflanzen in Gesellschaft

Mehrere Pflanzen in einem Gefäß sehen nicht nur gut aus – sie können sich auch im Wachstum fördern.

Meist sind die Pflanzen in unseren Räumen Einzelgänger: Jede in ihrem Topf stehen sie nebeneinander aufgereiht, mal mehr, mal weniger schön.
Ihre Wirkung aber läßt sich beträchtlich steigern: Wenn Sie die Pflanzen in Gefäßen zusammenfassen, als eine Art „Zimmergarten", und damit Akzente im Raum setzen – ein Gärtchen auf der Fensterbank, eines auf dem Tisch, eines irgendwo im Raum.
Außerdem gedeihen fast alle Pflanzen in Gesellschaft, die ja auch in der Natur normal ist, sehr viel besser. Denn jede Pflanze verdunstet Wasser, erzeugt so höhere Luftfeuchtigkeit und sorgt für ein günstiges Kleinklima in der unmittelbaren Umgebung.
Welche Pflanzen gruppiert werden, ist mehr eine Frage des Geschmacks als ein technisches Problem. Allerdings: Pflanzen, die in einem Gefäß zusammenstehen, sollten gleiche Wünsche an Standort und Pflege haben.
Ein Alpenveilchen, das nach niedrigen Temperaturen und viel Licht verlangt, verträgt sich schlecht mit einem Usambaraveilchen, das mehr Wärme und Schatten schätzt. Ein Kaktus, der wenig Wasser benötigt, wird in einer Schale mit einem

Klassisch schön ist dieses Arrangement:
ein Leinenkorb, gefüllt mit Anthurie, Kalanchoe,
Korallenmoos und Blattbegonie.

Ein Sumpfbeet im Austernfaß: mit Kalla, Zypergras, Bubiköpfchen und gestreifter Simse.

Zypergras und ständig nassen Füßen bald eingehen.
Zwei Methoden gibt es, Pflanzen in einem größeren Gefäß zusammenzustellen. Die eine: Das ganze Gefäß wird mit Erde gefüllt, die Pflanzen werden aus ihren Töpfen genommen und zusammen in das große Gefäß gesetzt. Der Vorteil dabei ist, daß die Wurzeln mehr Nährstoffe als im kleinen Topf finden; die Pflanzen wachsen schnell und üppig. Der Nachteil bei dieser Methode ist, daß ihre Wurzeln miteinander verwachsen. Wird eine Pflanze irgendwann herausgenommen, leiden alle Nachbarn darunter.
Die zweite Möglichkeit: Alle Pflanzen werden mit Topf in die Schale oder den Korb gesetzt und die Zwischenräume mit Blähton oder Bimskies ausgefüllt. So läßt sich, falls notwendig, schnell eine Pflanze auswechseln.
Ganz wichtig bei Gruppenpflanzungen ist die Drainage des großen Behälters. Bleiben die Pflanzen einzeln im Topf, können Sie das Gießen noch kontrollieren, mal die eine mehr und die andere etwas weniger wässern. Stehen sie aber ohne Topf frei im Gefäß, womöglich noch ohne Bodenloch, muß unter der Erde auf jeden Fall eine etwa 5 cm dicke Drainageschicht aus Kies oder Blähton sein, in der sich überschüssiges Wasser sammeln kann.
Besonders dekorativ sieht es aus, wenn Sie zum Bepflanzen auch ungewöhnliche Gefäße nehmen: einen Drahtkorb, der vorher mit Moos ausgepolstert wird, ein altes Austernfäßchen, das Sie allerdings vorm Bepflanzen gründlich säubern müssen. Für den letzten Pfiff sorgt hübsches Drumherum: weißer Kies auf der Erde, eine alte Tonscherbe oder hübsche Steine zwischen dem Grün.
Noch eines: Wenn Sie solche Pflanzschalen vom Fenster weg weiter ins Zimmer stellen, wird es in den meisten Fällen für die Pflanzen zu dunkel. Sie brauchen dann eine Zusatzbeleuchtung.

Die ideale Orchidee für Anfänger ist
die Phalaenopsis, die Malaienblume. Ihre Blüten
sehen wie exotische Schmetterlinge aus.

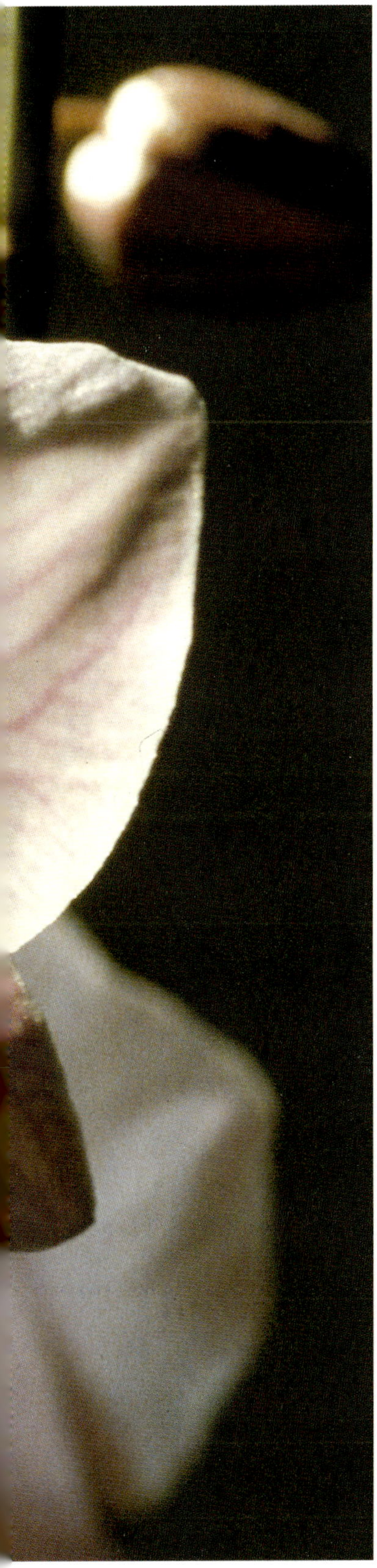

Orchideen, Königinnen aus dem Dschungel

Sie sind traumhaft schön mit ihren eleganten Blüten – und weniger schwierig zu pflegen, als die meisten glauben.

Orchideen sind gar nicht so anspruchsvoll – man muß nur die richtigen aussuchen. Gut geeignet für die Fensterbank sind die Malaienblume *(Phalaenopsis)*, die *Cattleya*, der Frauenschuh *(Paphiopedilum)* und *Oncidium*. Sie kommen mit den normalen Zimmertemperaturen ganz gut zurecht und haben keine ausgesprochene Ruhezeit.

Fast alle Zimmerorchideen brauchen viel Licht, vertragen aber keine pralle Sonne. Am besten geeignet ist ein Ost- oder Westfenster. Aber selbst da – am Südfenster sowieso – müssen Sie an sonnigen Sommertagen in der Mittagszeit für Schatten sorgen. Das Fenster sollte isolierverglast sein, um im Winter ausreichend Kälteschutz zu gewährleisten.

In der Heimat der Orchideen, den feuchtwarmen Regenwäldern, ist die Luft sehr viel feuchter als in unseren Wohnungen. Natürlich können Sie einen elektrischen Luftbefeuchter installieren. Preiswerter und genauso wirkungsvoll ist es, wenn Sie eine Kunststoffschale auf die Fensterbank stellen, mit Blähton und Wasser füllen und mit einem Gitter abdecken, auf dem der Orchideentopf steht. So kommt die Pflanze in den Genuß der aufsteigenden feuchten Luft. Auch eine Idee: die Orchidee ins Badezimmer mit seinem feuchtwarmen Klima stellen. Dort blüht sie mit schöner Regelmäßigkeit.

Besonders hübsch sehen Orchideen auch als Ampelpflanzen aus. Im Fachhandel gibt es dafür luftige Körbchen aus Holzleisten zu kaufen. Orchideen wachsen übrigens nicht in Blumenerde, sondern in einem Spezialsubstrat.

Vom Frauenschuh gibt es viele Züchtungen, die auch im beheizten Zimmer gut gedeihen.

Die Vuylstekeara cambria, eine Hybride, hat besonders schön gezeichnete Blüten.

Alles, was ein Hydrogärtner braucht: spezielle Gefäße mit Wasserstandsanzeiger, Tongranulat und natürlich Pflanzen.

Pflanzen, die ohne Erde wachsen

Wer wenig Zeit für die Pflanzenpflege hat, der sollte auf Hydrokultur umstellen.

Was Hydrokultur ist, braucht man heute wohl niemandem mehr zu erklären. Sieht man doch die Pflanztöpfe mit den braunen Tonkügelchen und dem herausragenden Wasserstandsanzeiger überall in Banken, Büros, Läden, Hotelhallen.

Aber auch immer mehr Zimmergärtner schätzen das System mit dem geringen Pflegeaufwand. Schließlich braucht man im Durchschnitt nur alle drei Wochen das Wasser nachzufüllen und zweimal im Jahr eine Düngerbatterie auszuwechseln. Die ideale Lösung also für Leute, die sich nicht viel ums Grün kümmern können, weil sie öfter verreist sind, oder weil Pflanzen etwa am Arbeitsplatz sich am Wochenende allein versorgen müssen.

Wurden zu Beginn der Hydro-Zeiten hauptsächlich Blattpflanzen angeboten, so gibt es heute auch ein großes Sortiment an blühenden Hydrokulturpflanzen: neben den Klassikern wie Einblatt, Anthurie und Usambaraveilchen auch Orchideen, Hibiskus, Bougainvilleen und viele mehr.

Aber auch Extrawünsche lassen sich erfüllen: Sogar Kakteen, Kräuter, Bonsais und Balkonblu-

Eine kleine Auswahl an blühenden Pflanzen: Flamingoblume, Blaue Lieschen, Begonien, Fleißige Lieschen, Einblatt und Christusdorn.

men fühlen sich mit den Füßen im Wasser wohl. Selbst Pflanzen, die bisher in Erde wuchsen, lassen sich auf Hydrokultur umstellen. Dabei muß allerdings jedes Erdkrümelchen von den Wurzeln abgewaschen werden. Das funktioniert am besten mit jungen, gesunden und kräftigen Pflanzen. Älteren Gewächsen sollte man diesen Umzug besser nicht mehr zumuten.

Immer größer wird auch das Angebot an Übertöpfen. Kunststoff ist dabei auf dem Rückzug, Keramik in schönen Farben, mit dekorativen Mustern groß im Kommen. Aber auch jedes andere wasserfeste Gefäß läßt sich als Übertopf für den gelochten Kulturtopf benutzen.

Ganz wichtig bei der Hydrokultur ist der Wasserstandsanzeiger. Er sollte immer nur bis zur mittleren Linie (Optimum) reichen, bei Kakteen und anderen wenig durstigen Pflanzen sogar nur bis zum Minimum. Die obere Linie, die Maximum-Marke, ist nur für Notfälle gedacht: wenn man Pflanzen längere Zeit allein lassen muß. Wird regelmäßig zuviel Wasser eingefüllt, bekommen die Pflanzenwurzeln keine Luft mehr und faulen leicht.

Auch aus Sukkulenten wie der Madagaskarpalme werden gute Hydropflanzen.

Blätter und Blüten am laufenden Meter

Kletter- und Hängepflanzen bringen eine neue Dimension in den Fenstergarten.

Sie ranken in die Höhe oder lassen sich fallen und bilden dabei mit ihren Trieben, Blättern und Blüten zauberhafte Fenstervorhänge. Je nachdem, wie die Sonne steht, ist so eine grüne Gardine transparent oder undurchsichtig.
Aber auch die Pflanzenwahl spielt eine Rolle: Pflanzen mit kleinen Blättchen wie die vom Zierspargel oder mit solchen, die weit auseinanderstehen wie die der Leuchterblume, wirken leicht und luftig wie ein Spitzenvorhang. Großblättrige, dunkelgrüne Pflanzen wie verschiedene Weinarten wirken dagegen eher wie ein schwerer, kostbarer Samtstoff.
Kletterpflanzen brauchen immer ein Gerüst, eine Kletterhilfe. Kleinere Haltegitter kann man kaufen, größere aus Bambusstäben selbst bauen. Soll eine Kletter-

Am Spalier oder Bogen sind sie gut in Form:
Bleiwurz, Kranzschlinge, Bougainvillea und Passionsblume.
Ohne Gerüst: Glockenblumen und Schamblume.

Weinreben der Gattung Vitis brauchen Sonne im Sommer und einen kühlen Winterplatz. Trauben gibt es im Zimmer kaum.

pflanze nur Schmuckstück sein, kann man sie auch am Rundbogen oder an anderen Drahtkonstruktionen ziehen.

Alles, was klettert, kann sich aber auch dekorativ von oben herab fallenlassen. Zusätzlich gibt es eine ganze Reihe von Pflanzen, die von Natur aus einen überhängenden Wuchs besitzen – wie Grünlilie, Huckepackpflanze, Glockenblumenarten und viele andere.

Für solche Pflanzen werden spezielle Ampeltöpfe angeboten, die man an eingeschraubten Haken direkt in die Fensterlaibung hängen kann. Achten Sie unbedingt auf eine stabile Befestigung. Wird ein Fenster selten geöffnet, kann man auch ein zusätzliches Brett einlegen, auf dem die Töpfe der Hängepflanzen stehen.

Hängende Pflanzen trocknen viel schneller aus als solche, die auf der Fensterbank stehen. Denn die warme Luft steigt im Zimmer immer nach oben. Sie müssen deshalb häufiger gegossen werden.

Für solche Fälle gibt es spezielle Gießkannen mit extralanger Tülle zu kaufen. Oder Sie nehmen die Hängepflanze einmal in der Woche herunter und tauchen sie in ein Wasserbad, bis sich die Erde ganz vollgesogen hat. Im Winter sollten Sie hochhängende Pflanzen besonders häufig besprühen.

Viele Pflanzen bekommen an der Fensterseite, zum Licht hin, vermehrt Triebe. Damit sie rundum schön aussehen und vor allem nicht aus dem Gleichgewicht geraten, sollten Sie solche Pflanzgefäße von Zeit zu Zeit ein wenig drehen.

Anspruchslos ist der Känguruhwein (Cissus antarctica). Er bekommt lange Triebe, bildet einen dichten, grünen Vorhang.

Königswein (Cissus rhombifolia) wurde erst vor 50 Jahren bei uns eingeführt. Heute gehört er zu den beliebtesten Hängern.

Blätter, schön wie Blüten

Wer Zimmerpflanzen gern hübsch arrangiert, sollte als Blickpunkt einige Buntblättrige kaufen.

Sie sind getupft oder gestreift, gesprenkelt, panaschiert oder marmoriert, haben hervorgehobene Adern in abgesetztem Farbton oder kräftig gefärbte Blattunterseiten – Pflanzen mit gemusterten Blättern können es an Schönheit mit vielen Blütenpflanzen aufnehmen. Wobei die musterhaften Grünen das ganze Jahr über ein Schmuck für die Fensterbank sind, während Blütenpflanzen in blütenlosen Zeiten manchmal ein bißchen langweilig wirken.
Doch nicht nur das Spektrum an Blattfarben und Blattmustern ist groß. Auch jede Wuchsform ist bei den Buntblättrigen vertreten: kleine buschige Gewächse genauso wie hochgewachsene und Ampelpflanzen.
Die bunten Pflanzen kann man als Blickpunkt zwischen grünblättrige stellen, Sie können sich aber

Ein schönes, buntes Stilleben mit grün-weißen Dieffenbachien, rotbuntem Kroton, mit zweifarbigem Efeu, Calathea und Marante.

auch einen bunten Mittelpunkt im Zimmer schaffen.
Wer verschiedene bunte Pflanzen zur Gruppe zusammenstellt, sollte allerdings darauf achten, daß alle gleiche Wünsche an Licht und Temperatur haben.
Sie können übrigens auch ein buntes Bild mit Pflanzen einer einzigen Gattung arrangieren. Das geht ganz fantastisch mit Blattbegonien, die es in ungezählten Mustern und Farben gibt, mit Dieffenbachien und sogar mit Buntnesseln. Schön ist auch ein musterhaftes Pflanzenbild in Grün-Weiß: mit lauter panaschierten Gewächsen. Von vielen bekannten Zimmerpflanzen gibt es inzwischen bunte Varianten: Efeu, Ficus, Schefflera, Fensterblatt und anderen.
Leider hat Mutter Natur die Farben nicht gleichmäßig im Pflanzenreich verteilt, sondern eine ganz bestimmte Gruppe bevorzugt: Pflanzen aus den tropischen Regenwäldern. Und solche Gewächse brauchen viel Pflege: vor allem Wärme, sehr feuchte Luft und einen vor greller Sonne geschützten Platz. Sie sollten solche Pflanzen deshalb täglich besprühen oder einen Luftbefeuchter aufstellen. Auch eine Möglichkeit: Pflanzen in eine mit Wasser und Kies gefüllte Unterschale stellen.
Es gibt aber auch einige farbenprächtige, pflegeleichte Ausnahmen: Buntnessel, Grünlilie, Harfenstrauch und die zweifarbige Birkenfeige. Auch neue Sorten von Dieffenbachie und Kroton sind nicht mehr so empfindlich wie die ursprünglichen Arten.

Viele verschiedene Muster gibt es bei den buntblättrigen Pflanzen. Beim Glanzkölbchen ziehen sich cremefarbene Adern über dunkle Blätter.

Purpurrot und grün gefärbt zeigt sich das palmenähnliche Blatt mancher Keulenlilie. Es gibt aber auch Sorten mit mehr Gelb.

Korbmaranten haben gleich ein ganzes Mustersortiment zu bieten. Fast grafisch sieht es bei dieser Sorte aus.

Wohl zu den schönsten buntblättrigen Pflanzen gehören der Kroton mit vielen farbenprächtigen Sorten und die Keulenlilie.

Wenn es draußen frostet, blüht es drinnen auf: Weihnachtssterne, Azaleen, Alpenveilchen und viele andere entfalten ihre Blütenpracht.

Prächtige Blüten mitten im Winter

Auch wenn die Tage dunkler werden, kann Ihnen im Zimmer noch allerlei blühen.

Sie stehen in den Blumengeschäften jetzt in voller Blüte: Alpenveilchen in vielen Farben, Azaleen vom Mini-Exemplar bis zum Bäumchen, kostbare Kamelien, edle Orchideen, Weihnachtssterne, Weihnachtskakteen und was die kühle Jahreszeit sonst noch zu bieten hat.

All diese Winterblüher eignen sich ideal als Mitbringsel, wenn Sie zum Adventskaffee eingeladen sind. Zum Verschenken können Sie auch noch für ein hübsches Drumherum sorgen: ein schöner Übertopf, eine kleine Lichterkette zwischen den Zweigen oder ein paar angehängte Sterne.

Natürlich sind die Winterblüher auch Schmuck für die eigene Wohnung, muntern graue Tage auf. Und wem es im Winter gar zu kalt ist, der kann etwa ab Weihnachten schon die ersten blühenden Krokusse, Tulpen und Schneeglöckchen im Topf kaufen und sich so auf den Frühling einstimmen.

Wer an eisigen Wintertagen Pflanzen transportiert, sollte sie immer gut verpacken, am besten in mehrere Lagen Zeitung wickeln. Viele Gewächse erfrieren schneller als man glaubt.

Werden die Winterschönheiten in der Wohnung ausgepackt, bekommen sie oft einen Schock: In vielen

Mitte Dezember gibt es in den Blumenläden auch Krokusse, Schneeglöckchen, Winterlinge und andere Frühlingsblumen im Topf.

Wohnzimmern ist es ihnen zu warm. Stellen Sie sie deshalb möglichst weit weg von der Heizung; senken Sie die Temperatur wenigstens in der Nacht.
Die meisten Zimmerpflanzen brauchen im Winter eine hohe Luftfeuchtigkeit. Sprühen aber kann bei Winterblühern zu fleckigen Blüten führen. Besser steht der Blumentopf auf einem mit Kies und Wasser gefüllten Untersatz: Das Wasser verdunstet und feuchtet die Luft an.
Viele Winterblüher wie Azalee, Alpenveilchen, Kamelie vertragen keinen Kalk. Gießen Sie deshalb immer mit entkalktem Wasser, das Zimmertemperatur haben sollte.

DIE SCHÖNSTEN WINTERBLÜHER

Alpenveilchen (Cyclamen persicum), Amaryllis (Hippeastrum), Azalee (Rhododendron Simsii-Hybriden), Begonie (Begonia-Hybriden), Kamelie (Camellia), Malaienblume (Phalaenopsis), Weihnachtskaktus (Schlumbergera-Hybriden), Weihnachtsstern (Euphorbia pulcherrima), Zimmerkalla (Zantedeschia aethiopica).

Die Amaryllis kann man in voller Blüte kaufen, aber auch als Zwiebel zum Antreiben.

Tropische Palmen

Palmen bringen Urlaubsatmosphäre ins Haus. In den Geschäften gibt es immer mehr neue Arten zu kaufen.

Über zweitausend Palmenarten gibt es weltweit. So viele hat ein Blumenladen oder Gartencenter natürlich nicht zu bieten. Aber auch dort hat sich das Sortiment in den letzten Jahren erheblich vergrößert. Sogar solche wie Steckenpalme oder Fischschwanzpalme, die noch vor ein paar Jahren als Rarität galten, bekommt man heute problemlos.

Palmen sind nicht schwieriger zu pflegen als andere Zimmerpflanzen, wenn man weiß, daß es zwei Gruppen mit unterschiedlichen Pflegewünschen gibt. Zu den robusten gehören Dattel- und Hanfpalme, Kentie, Zwergpalme und einige andere. Sie hält man am besten als Kübelpflanzen, stellt sie im Sommer an die frische Luft, auf Balkon und Terrasse, und überwintert sie kühl, bei Temperaturen unter 10 °C. Etwas wärmer sollte die Kentiapalme stehen: am besten bei etwa 15 °C.

Empfindlicher sind tropische Palmen wie Kokospalme, Fischschwanzpalme, Goldfruchtpalme. Sie sollten das ganze Jahr im Zimmer bleiben, bei Temperaturen nicht unter 18 °C.

Viele Palmen vertragen sogar Schatten, obwohl sie am hellen Fenster, aber ohne grelle Mittagssonne, besser wachsen. Während der Wachstumszeit brauchen sie viel Wasser; die Erde darf nie austrocknen. Vor allem bei höheren Temperaturen sollten Sie häufig sprühen. Ist die Luft zu trocken, bilden sich bald die häßlichen braunen Blattspitzen.

Bei guter Pflege kann manche Palme nach einigen Jahren an die Decke stoßen. Dann müssen Sie sich von ihr trennen; zurückschneiden kann man Palmen nicht. Sie können nur rechtzeitig dafür sorgen, daß Ihre Palme nicht so schnell die Decke erreicht. Dazu beschneiden Sie bei jedem Umtopfen die Wurzeln. Diese sind übrigens von Natur aus ziemlich lang. Deshalb gibt es auch spezielle Palmentöpfe zu kaufen, die höher als normale Blumentöpfe sind. Und auch besondere, schwere Palmenerde, der Lehm zugemischt wurde.

Eine der beliebtesten Palmen ist die Kentia. Auch im Topf wird sie mehrere Meter hoch.

Zu den exotischen Palmenneuheiten
gehören Hyophorbe, Steckenpalme, Betelpalme und
seltene Arten von Berg- und Dattelpalme.

Farne – die Urbewohner der Erde

Farne wuchsen schon vor 400 Millionen Jahren auf der Erde. Heute sind sie wieder sehr gefragt.

Fast zehntausend verschiedene Farnarten gibt es auf der Welt, niedrige und hochwachsende, in unterschiedlichen Grüntönen, mit vielen Blattformen. Manchmal bilden die Wedel eine Art Trichter. Bei anderen entwickeln sie sich in einigem Abstand voneinander, so daß der Farn fast buschartig wirkt. Viele hängen dekorativ über. Manche bilden im Alter einen richtigen Stamm. Und schließlich gibt es auch solche, die teppichartig wie Bodendecker wachsen. Für Zimmergärtner ist das Angebot natürlich etwas beschränkter.

Farne sind üppige grüne Schmuckstücke in der Wohnung. Man kann sie im Nordfenster zu kleinen Farnlandschaften zusammenstellen. Oder damit das Badezimmer begrünen, denn die dort vorherr-

Von Farnen gibt es so viele verschiedene Formen, daß sicher für jeden Geschmack etwas dabei ist. Aber: Sie sind nicht ganz pflegeleicht.

schende feuchtwarme Luft tut diesen Grünen sehr gut.
Im Wohnzimmer, wo man die schönblättrigen Pflanzen auch schätzt, muß man für eben diese Luftfeuchtigkeit sorgen, um länger Freude an ihnen zu haben.
Farne brauchen zwar viel Wasser, weil die zahlreichen Blättchen reichlich Feuchtigkeit verdunsten, vertragen aber keine Staunässe. Am besten mischen Sie der Erde etwas grobe Rinde oder Kork bei, damit sie gut durchlüftet ist. Gedüngt wird ganz schwach, denn viele Farne sind salzempfindlich.
Kleine Farne sollten Sie häufiger tauchen, damit sich die Erde voll Wasser saugen kann. Für größere sind Töpfe mit Automatikbewässerung ideal, aus denen sich die Pflanzen immer soviel Wasser holen können, wie sie brauchen. Verwenden Sie zum Gießen aber stets lauwarmes, enthärtetes Wasser. Nur für den Pellefarn dürfen Sie bedenkenlos Leitungswasser benutzen.
Der hohen Luftfeuchtigkeit wegen muß man Farne häufig besprühen. Nur der Geweihfarn verträgt kein Wasser auf seinen beschuppten Blättern. Stellen Sie den Topf deshalb auf einen tiefen, mit Kies oder Blähton und Wasser gefüllten Untersatz. Das Wasser im Teller verdunstet und hüllt den Farn in feuchte Luft ein.
Am häufigsten angeboten wird der Schwertfarn *(Nephrolepis)* mit seinen langen Wedeln. Ganz gut mit der Zimmerluft zurecht kommen auch der Nestfarn *(Asplenium nidus)* und der Rippenfarn *(Blechnum)*. Zu den problemlosen gehören ebenfalls der Pellefarn *(Pellaea)* mit seinen für einen Farn untypischen rundlichen und der Geweihfarn *(Platycerium)* mit seinen hirschgeweihartigen Blättern.
Zu den empfindlicheren Farnschönheiten zählen Lederfarn *(Polystichum)*, Saumfarn *(Pteris)*, Frauenhaarfarn *(Adiantum)* und *Microlepia.*

Von ihnen hat man nie genug: Kakteen

Mit ihren bizarren Formen, prächtigen Dornen und schönen Blüten verführen sie zum Sammeln.

Früher oder später bekommt jeder Pflanzenfreund einen Kaktus unter die Gießkanne. Die kleinen „Igel" sind ein nettes Mitbringsel, und so findet sich beinahe auf jeder Fensterbank ein Exemplar. Am schönsten sehen Kakteen aus, wenn sie in Gruppen zusammenstehen: eine dicke Kugel neben einer dünnen Scheibe und einer schlanken Säule, ein verzweigt wachsender Kaktus neben einem hängenden, graubehaarte Schöpfe neben bunten Dornen.
Kakteen sind, wenn man klein einsteigt, ein preiswertes Vergnügen. Allerdings braucht man dann auch ein wenig Geduld: Die dornigen Gesellen wachsen sehr langsam. Manche bleiben sogar ihr Leben lang Zwerge. Das hat

Nimmt die Zahl der Kakteentöpfe zu, kann
man sich einen Garten in Etagen zulegen: in ein wenig
benutztes Fenster Glasscheiben einlegen.

aber auch den Vorteil, daß man auf jeder Fensterbank eine ganze Sammlung unterbringen kann. Fast alle Kakteen sind aus ihrer Heimat ein Übermaß an Licht gewohnt. Auch in der Wohnung müssen sie deshalb so hell wie möglich stehen. Ideal ist ein Südfenster. Möglich ist auch ein helles Ost- oder Westfenster. An einem dunklen Nordfenster würden sie zwar überleben, aber weder besonders schöne Dornen noch Blüten bekommen.

Aber auch am Sonnenfenster wartet mancher Kakteenbesitzer vergeblich auf die Blüten. Die Ursache ist fast immer dieselbe: Die Kakteen standen im Winter zu warm. Sie brauchen für die Knospenbildung von Oktober bis Februar einen hellen, aber sehr kühlen Platz, mit Temperaturen unter 10 °C. Ganz so schlimm allerdings ist der blütenlose Zustand nicht: Kakteen können sich auch „oben ohne" sehen lassen.

Zu gießen brauchen Sie im Winter nur einmal im Monat. Selbst, wenn Sie feststellen, daß ein Kakteenkörper leicht schrumpelt, reichen meist wenige Tropfen Wasser als Notration.

Den Sommer über braucht ein Kaktus viel Wärme und frische Luft. Wer die Möglichkeit hat, solte Kakteen von Juni bis Ende August nach draußen, auf Balkon oder Terrasse stellen. Gießen dürfen Sie auch dann nur wenig. Aber düngen müssen Sie, mit speziellem Kakteendünger. Dann wachsen die Kakteen besser, bekommen schönere Dornen und im nächsten Frühjahr mehr Blüten.

Im Kakteenreich gibt es die unterschiedlichsten Formen: Scheiben bei Opuntien, Säulen beim Cereus, Kugeln beim Schwiegermutterstuhl.

Gut als Zimmerbonsai eignen sich Ficus-Arten, Australische Buschkirsche (Eugenia), Fukien-Tee (Carmona) und Speckbaum (Portulacaria).

Ausgefallenes aus Japan: Bonsais fürs Zimmer

Nur wenige Zimmerpflanzen-Arten eignen sich dafür, aus ihnen echte Bonsais zu ziehen.

Einen schönen Zimmerbonsai hätte wohl jeder gern als lebendes Kunstwerk für die eigene Wohnung. Wer nicht gleich ein kleines Vermögen dafür anlegen möchte, der kann sich auf der Fensterbank seine eigenen Zimmerbonsais heranziehen.

Jungpflanzen von verschiedenen Ficus-Arten, vom Fukien-Tee *(Carmona)*, der Orangenraute *(Murraya)* oder auch von der Schefflera gibt es in Bonsaigärtnereien für unter 20 Mark zu kaufen. Noch preiswerter kann man aus Stecklingen selber Bonsais ziehen.

Echte Zimmerbonsais können an einem geeigneten hellen, luftigen Platz das ganze Jahr bei Zimmertemperatur stehen. Trotzdem sollte man bedenken, daß sich die meisten Pflanzen über einen Sommerurlaub mit warmem Regen und Sonnenschein im Freien freuen.

Was die echten Zimmerbonsais aber nicht nötig haben, ist ein kühler Winterplatz, den dagegen Myrte, Granatapfel oder Chinesische Ulme brauchen. Diese und viele andere als Zimmerbonsai verkaufte Pflanzen bekommen bei warmer Überwinterung schnell Probleme mit Schädlingen oder verlieren ihre Blätter.

Da Bonsais in sehr wenig Erde wachsen, müssen sie besonders sorgfältig gegossen und gedüngt werden. Je nach Witterung sollten Sie alle ein bis zwei Tage zur Gießkanne greifen. Im warmen Sommer können Sie auch hin und wieder die ganze Schale in lauwarmes Wasser tauchen, so daß sich die Erde richtig vollsaugen kann. Die Wasserhärte sollte nicht über 10 dH liegen (Wasserwerk fragen). Sonst muß das Wasser entkalkt werden.

Gedüngt wird vom Frühjahr bis Anfang Oktober einmal im Monat mit speziellem Bonsai-Dünger.

Damit ein Bonsai seine hübsche Form behält, müssen Sie ihn regelmäßig beschneiden. Im Frühjahr, wenn er neu austreibt, ist der Grundschnitt fällig. Lange Triebe werden auf etwa drei Blattpaare eingekürzt. Außerdem werden zu große Blätter entfernt.

Der Wurzelschnitt sorgt dafür, daß ein Bonsai nicht zu groß wird. Dazu entfernen Sie beim Umtopfen die Erde aus dem Wurzelballen und kappen die Wurzeln etwa um ein Drittel. Eingetopft wird der Bonsai in nährstoffarme Bonsaierde.

Am besten lassen Sie sich Wurzelschnitt und Andrahten einmal vom Fachmann zeigen.

Blickfang für die Fensterbank: ein Ficuswäldchen in einer Miniaturlandschaft.

Bromelien – Exoten aus dem Urwald

Die beliebte Ananas gehört zu den Bromelien. Sie hat viele schöne Verwandte.

Rund 1800 verschiedene Ananasgewächse *(Bromeliaceae)* hat man in den Urwäldern Südamerikas entdeckt darunter auch prächtige Zimmerpflanzen. Neben der Zierananas sind das die Lanzenrosette, der Zimmerhafer, Vriesea und Guzmanie, Nestrosette, Erdstern und die Tillandsien.

Allen gemeinsam ist eine Blattrosette mit einer Art Becher in der Mitte, aus dem sich der Blütenstand schiebt. In diesen Becher wird kalkfreies Wasser gegossen. Und zwar so, daß immer ein Wasserreservoir vorhanden ist. Damit das stehende Wasser nicht faulig wird, sollten Sie es alle vier Wochen durch frisches ersetzen.

Die Erde für Bromelien sollte durchlässig sein und stets nur ganz leicht feucht gehalten werden. Während der Wachstumszeit im Frühjahr und Sommer geben Sie etwas Flüssigdünger zum Gießwasser – aber nur die Hälfte der angegebenen Menge.

Die meisten Bromelien wollen das ganze Jahr über hell und warm, bei etwa 20 °C stehen. Gelegentlich kann man sie übersprühen.

Nach der Blüte, die oft monatelang hält, stirbt eine Bromelie ab. Bis dahin hat sie aber kleine Ableger-Rosetten an den Seiten gebildet. Die kann man vorsichtig abnehmen und eintopfen.

Im tropischen Regenwald wachsen viele Bromelien ganz ohne Erde auf den Bäumen. So einen Epiphytenstamm können Sie sich auch in die Wohnung stellen. Dazu brauchen Sie einen verzweigten, dicken Ast von einem Baum, der im Topf festgegipst wird. Die Wurzeln der Bromelien werden mit Sumpfmoos (aus dem Gartenfachhandel) umwickelt, und dann mit Blumendraht in einer Astgabel festgebunden. Gegossen wird in die Rosette. Zusätzlich müssen Sie das Moos ansprühen, so daß es die Wurzeln stets mit Feuchtigkeit versorgt.

Die bekannteste Bromelie fürs Zimmer ist die Lanzenrosette mit verschiedenen Arten.

Tillandsien bilden mit über 400 Arten die größte Bromeliengattung. Im Foto: T. cyanea.

Guzmanien blühen im Winter, von November bis Januar. Sie sind ein wenig empfindlich, brauchen viel Wärme und sehr feuchte Luft.

Viele Pflanzen kann man aus Samen ziehen. Dazu brauchen Sie Töpfe und Aussaaterde oder Torfquelltabletten.

So gedeihen Ihre Pflanzen prächtig

Mit dem berühmten grünen Daumen wird man selten geboren. Aber man kann ihn sich erwerben.

Eigentlich, so sollte man glauben, ist es ganz einfach, eine Pflanze zu kaufen. Man geht in ein Blumengeschäft, sucht sich eine aus und stellt sie zu Hause ans Fenster.

Im Prinzip ist das auch richtig. Und doch kann man dabei viele Fehler machen. Man kann eine Pflanze kaufen, die nicht zur Wohnung paßt, kann ein krankes Exemplar aussuchen, die Pflanze unsachgemäß nach Hause transportieren oder sie dort falsch behandeln. Und dann kann man sich natürlich auch noch wundern, warum die Pflanze trotz aller Pflege nicht so recht gedeiht.

DIE AUSWAHL DER PFLANZEN

● Suchen Sie immer Pflanzen aus, die zu Ihrer Wohnung (besser gesagt: zu Temperatur und Helligkeit Ihrer Wohnung) passen. Und nicht solche, die Ihnen zwar gut gefallen, für die Sie aber die Bedingungen in Ihrer Wohnung ändern müßten: etwa künstliche Beleuchtung installieren oder Luftbefeuchter aufstellen.

Experimente mit Kakteen an Schattenplätzen, Farnen an Sonnenfenstern und Myrten in übermäßig geheizten Räumen gehen meist schief.

Stellt sich als nächstes die Frage:

wann kaufen? Die beste Zeit sind Frühjahr, Sommer und früher Herbst, Monate, in denen nicht oder kaum geheizt wird. Dann gewöhnen sich Pflanzen besser an die neue Umgebung, als wenn sie im Winter aus dem meist kühleren Laden oder dem Gewächshaus mit hoher Luftfeuchtigkeit ins geheizte Wohnzimmer kommen.

- Muß es doch der Winter sein, lassen Sie die Pflanze gut verpacken, damit sie nicht schon auf dem Weg nach Hause erfriert: zuerst in dünnes Seidenpapier, dann in mehrere Lagen Zeitungspapier.
- Kaufen Sie nur Pflanzen, die gut gewachsen sind, kräftig und gesund aussehen. Solche mit Blattflecken oder braunen Rändern, mit welkem Laub oder abgeschnittenen Trieben läßt man besser stehen.

Was Blüten betrifft, so suchen Sie am besten ein Exemplar aus, das nur wenig geöffnete Blüten, dafür aber viele Knospen hat. Ideal ist es, wenn die Knospen kurz vorm Platzen stehen. Stecken sie noch zu weit im Ansatz, besteht die Gefahr, daß sie sich unter den veränderten Bedingungen in Ihrer Wohnung nicht mehr weiter entwickeln.

Gewöhnen Sie die Pflanze zu Hause schrittweise an die neue Umgebung, stellen Sie sie vielleicht zuerst in ein kühles Schlafzimmer, bevor sie in den warmen Wohnraum kommt.

DER PASSENDE STANDORT

Genauso wie bei den Menschen gibt es auch bei den Pflanzen Sonnenanbeter und solche, die lieber Schatten mögen, wärmebedürftige und solche, denen niedrige Temperaturen am liebsten sind. Versuchen Sie, für jede den passenden Standort zu finden.

Solche, die volle Sonne lieben wie Banane und Flaschenbaum, müssen am Südfenster stehen. Das Ostfenster mit der Morgensonne, das Westfenster mit dem Abendlicht, eventuell auch ein Südfenster, wenn eine zum Teil geschlossene Jalousie Schatten spendet, sind für Pflanzen ideal, die hell oder halbschattig stehen wollen. Ans Nordfenster gehören jene, die von Haus aus Schatten verlangen wie Farne.

- Denken Sie daran, daß die Helligkeit mit jedem Meter Entfernung zum Fenster rapide abnimmt. Zwei Meter vom Südfenster entfernt steht eine Pflanze schon im Dunkeln. In solchen Fällen müssen Sie eine Zusatzbeleuchtung installieren.
- Manche Pflanzen übrigens mögen es nicht, wenn sich die Richtung ihres gewohnten Lichteinfalls aus irgendwelchen Gründen, vielleicht nach dem Fensterputz, verändert. Weihnachtskaktus, Kamelie und einige andere werfen dann die Knospen ab. Bei solchen Pflanzen sollten Sie die dem Licht zugewandte Topfseite markieren.

Frische Luft braucht eine Pflanze genauso wie ein Mensch. Sie sollten deshalb häufig lüften. Aber vermeiden Sie dabei Zug – den verträgt nämlich keine Pflanze. Sie wirft dann sehr schnell die Blätter ab. Im Winter wird nur an frostfreien Tagen kurz gelüftet.

- Wahre Frischluftfanatiker sind zum Beispiel Palmen, Yucca, Agave und einige andere. Sie verbringen den Sommer, von Mitte Mai bis Mitte September, am liebsten auf Balkon oder Terrasse.

Ein großes Problem für viele Zimmerpflanzen ist die trockene Heizungsluft im Winter. Meist beträgt die Luftfeuchtigkeit nicht mehr als rund 40 %. Für Pflanzen allerdings beginnt der Normalfall erst bei etwa 50 %, manche verlangen sogar 60 bis 70% relative Luftfeuchtigkeit. Generell können Sie davon ausgehen, daß Pflanzen mit derben, lederartigen oder wachsartig überzogenen Blättern eine weniger feuchte Luft brauchen als Pflanzen mit großen, weichen Blättern.

- Mehrere Möglichkeiten gibt es, Raumluft anzufeuchten. Etwa mit einem elektrischen Luftbefeuchter. Oder indem Sie täglich die Pflanzen mit einem Zerstäuber besprühen. Nehmen Sie dazu nur zimmerwarmes und enthärtetes Wasser. So vermeiden Sie Kälteschocks und Kalkflecken auf den Blättern.

Leider gibt es Pflanzen wie Azaleen, bei denen kein Wasser auf die Blüten gelangen darf, und solche wie der Geweihfarn, bei dem die Blätter nicht naß werden dürfen. In solchen Fällen hilft ein mit Kies und Wasser gefüllter Untersatz. Das Wasser verdunstet und reichert so die Luft rings um die Pflanze an.

Das zweite Winterproblem ist die meist zu hohe Temperatur in den Räumen. Dabei sind jene Pflanzen relativ problemlos, die während der Ruhepause von Oktober bis Februar bei Temperaturen zwischen 15 und 20 °C stehen wollen. Die meisten Heizungen werden nämlich nachts um 5 bis 6 °C gedrosselt und bieten somit wenigstens in diesen Stunden das perfekte Klima.

- Schwierig sind Pflanzen wie Efeu, Myrte, Yucca, die wirklich kühl, zwischen 3 und 10 °C, stehen wollen. Sie sollten im Herbst am besten umziehen: weg vom warmen Wohnzimmerfenster, weg von der Heizung, hinein ins kühle Schlafzimmer, ins Treppenhaus, in die Diele. Aber: Immer nur in einem hellen Raum, nie ganz dunkel überwintern.

GIESSEN MIT GEFÜHL

Richtiges Gießen ist eines der größten Probleme bei der Blumenpflege. Denn grundsätzlich kann man nur sagen, ob eine Pflanze viel oder wenig Wasser braucht.

Wieviel das nun tatsächlich ist, hängt von diesen Punkten ab:

- Von der Topfart: Pflanzen im Tontopf brauchen mehr Wasser als solche im Kunststofftopf, weil durch die porösen Wände Wasser verdunstet.

- Von der Topfgröße: Eine Pflanze im großen Topf braucht mehr Wasser als eine im kleinen.
- Von der Jahreszeit: Während der Wachstumszeit (bei den meisten Pflanzen im Frühjahr und Sommer) braucht die Pflanze mehr Wasser als während der Ruhepause (meist im Herbst und Winter).
- Vom Wetter: An einem heißen, sonnigen Sommertag braucht eine Pflanze mehr Wasser als an einem kühlen, verregneten. Denn dann verdunstet sie mehr Wasser über ihre Blätter, um die Temperatur herabzusetzen.
- Vom Standort: Pflanzen in einem warmen Zimmer brauchen mehr Wasser als solche, die im kühlen Raum stehen.

Wenn Ihnen das nötige Fingerspitzengefühl noch fehlt, machen Sie am besten vor jedem Gießen die Daumenprobe: mit dem Finger die Erde leicht eindrücken. Ist sie trocken, wird gegossen. Ist sie noch feucht, warten Sie bis zum nächsten Tag.

Natürlich gibt es Ausnahmen: Pflanzen wie das Zypergras, die immer im Nassen stehen wollen, oder Kakteen, die wochenlang ohne Wasser auskommen.

Richtiges Gießen allein genügt aber nicht; es kommt auch auf das richtige Wasser an. Die meisten Pflanzen vertragen kein kalkhaltiges Wasser, wie es in vielen Haushalten vorkommt. Gewöhnen Sie sich an, eine Gießkanne immer schon am Abend für den nächsten Tag zu füllen. Über Nacht setzt sich Kalk ab. Aber auch pflanzenschädliches Chlor verfliegt, und außerdem nimmt das Wasser die Zimmertemperatur an. Das vertragen Pflanzen besser als eiskaltes Wasser.

Für kalkempfindliche Pflanzen allerdings ist das zu wenig: Sie müssen das Wasser richtig entkalken. Dafür kann man Entkalkungsgeräte und Filtergießkannen kaufen, aber auch Enthärtungstabletten, die im Gießwasser aufgelöst werden.

DÜNGEN – ABER NICHT ZUVIEL

Zum Wachsen brauchen Pflanzen Stoffe, die sie weder im Wasser, noch in der Erde oder in der Luft in ausreichender Menge finden. Das sind vor allem Stickstoff, der für die Blattentwicklung und für das Wachsen wichtig ist, Phosphor, der die Wurzelentwicklung fördert, und Kali, das die Pflanze gesund erhält und sie zum Blühen bringt. Diese Stoffe werden ihr mit dem Dünger zugeführt.

- Typische Anzeichen für Düngermangel bei einer Pflanze ist ein helles Verfärben der ältesten Blät-

Durch zu großzügiges Gießen ist schon manche Zimmerpflanze eingegangen. Prüfen Sie stets die Erdfeuchtigkeit.

ter, die schließlich abfallen. Außerdem wächst die Pflanze schlecht.
Nun hat sich die Industrie auf diesem Gebiet viel Mühe gemacht und bietet eine ganze Reihe von Spezialdüngern an: für Blatt- und Blütenpflanzen, für Hydrokultur und für Pflanzen mit Sonderwünschen wie Kakteen, Orchideen, Moorbeetpflanzen wie Azaleen.
Am meisten verbreitet sind Flüssigdünger, die im Gießwasser aufgelöst werden. Sie halten aber nicht sehr lange vor; alle ein bis zwei Wochen muß nachgedüngt werden. Düngestäbchen oder Düngetabletten, die man am Rand des Topfes in die Erde drückt, enthalten eine vier- bis fünffache Menge des Düngestoffes, der allmählich vom Gießwasser aufgelöst und der Erde zugeführt wird. Sie brauchen nur einmal im Monat oder noch seltener zu düngen. Schließlich gibt es auch noch Langzeitdünger, die über Monate eine gleichmäßig fließende Nährstoffquelle im Boden bilden. Sie werden schon beim Umtopfen mit in die Erde gegeben.

- Gedüngt wird grundsätzlich nur zur Wachstumszeit. Bei den meisten Pflanzen sind das die Monate von Ende März bis Ende August. Es gibt aber Ausnahmen: Pflanzen ohne ausgesprochene Ruhezeit und Winterblüher. Detaillierte Angaben zum Düngen finden Sie in den Pflanzenporträts.

Grundsätzlich sollten Sie nie auf trockene Erde düngen, dann könnten die Wurzeln durch die hohe Salzkonzentration leiden. Und wenn einmal Dünger auf die Blätter gelangt, müssen diese sofort abgebraust werden. Sonst kann das Zellgewebe zerstört werden, die Blätter bekommen Flecken.

EIN BISSCHEN PFLANZENPUTZ

Von Zeit zu Zeit müssen Sie Ihre Pflanzen putzen. Denn auf den Blättern sammelt sich genauso Staub wie auf den Möbeln. In der Natur übernimmt der Regen den Abwasch. Im Zimmer wird ein Teil des Staubes durch häufiges Besprühen entfernt. Aber wenigstens einmal im Jahr ist ein Großreinemachen fällig.

- Pflanzen mit großen, harten Blättern wie Gummibaum oder Philodendron werden mit lauwarmem Wasser und weichem Schwamm abgewischt.
- Pflanzen, die zwar derbe, aber kleine Blättchen haben, duschen Sie am besten über der Badewanne ab. Legen Sie vorher einen Kragen aus Aluminiumfolie um den Pflanzenfuß, damit nicht die ganze Erde aus dem Topf fällt.
- Pflanzen mit behaarten Blättern wie Usambaraveilchen dürfen nicht naß abgewischt werden. Sie werden vorsichtig mit einem weichen Pinsel gesäubert.

Zur Pflanzenpflege gehört auch, daß Sie gelegentlich die Erde lockern. Das geht enfach mit einer Gabel – aber dabei nie hochliegende Wurzeln beschädigen. Schließlich sollten Sie welke Blätter und Blüten sofort entfernen. Nicht nur, weil die Pflanze dann schöner aussieht, sondern vor allem, weil welke Pflanzenteile sich zu Krankheitsherden entwickeln können.
Welke Blüten und Blätter werden mit dem Stiel so tief wie möglich abgeschnitten oder, wie beim Alpenveilchen, mit einem sanften Ruck herausgezogen. Etwas schwierig ist das Abnehmen bei Blättern, die um den Stamm herumgreifen wie bei Bananen. Schneiden Sie dann das Blatt mit einem scharfen Messer, besser noch mit einem Cutter, dicht am Stamm ab und lassen den Blattrest stehen, bis er ganz verwelkt ist und abgezupft werden kann.
Kletterpflanzen brauchen Stäbe oder Gitter, an denen sie sich beim Hochklettern festhalten können oder an die sie angebunden werden. Für Stäbe, die in die Erde kommen, eignet sich am besten Bambus oder Kunststoff. Gitter oder auch Rundbögen, die in den Topf gesteckt werden, kann man fertig kaufen.

- Pflanzen, die von Natur aus Luftwurzeln besitzen wie der Philodendron, wachsen besonders gut an einem Moosstamm, der auch diese Wurzeln noch mit Feuchtigkeit versorgt. Solche Moosstämme kann man ebenfalls fertig kaufen. Sie haben aber nur dann Sinn, wenn sie immer feucht gehalten werden.

Manche Pflanzen wie etwa der Palisanderbaum werden von Natur aus lang und staksig. Bei ihnen können Sie die obersten Triebe abschneiden. Dann treiben sie weiter unten neu aus und werden buschiger.
Die beste Zeit zum Entspitzen ist das Ende der Ruhezeit, wenn die Pflanze wieder anfängt zu wachsen. Die Schnittstelle sollte dicht über einem Blattansatz sein.
Manche Pflanzen wachsen einem mit der Zeit einfach über den Kopf. Sie können durch einen kräftigen Rückschnitt wieder auf Zimmerformat gebracht werden.

ZIMMERPFLANZEN FÜR EINSTEIGER

Die folgenden Pflanzen haben kaum Sonderwünsche und nehmen Pflegefehler nicht sofort übel:
Agave, Blaues Lieschen, Browallie, Efeutute, Fensterblatt, Fetthenne, Flammendes Käthchen, Flaschenbaum, Geldbaum, Grünlilie, Gummibaum, Huckepackpflanze, Kentiapalme, Lanzenrosette, Madagaskarpalme, Pachira, Peperomie, Philodendron, Radermachera, Sansevierie, Schefflera, Schusterpalme, Tradeskantie, Usambaraveilchen, Yucca, Zimmeraralie, Zypergras.

Suchen Sie sich nur solche Pflanzen aus, denen Sie zu Hause die richtigen Lebensbedingungen bieten können.

Auch hier ist der beste Zeitpunkt das Frühjahr.
Wenn die Pflanzen nach dem Schneiden einen milchigen Saft absondern wie etwa der Gummibaum, bestreuen Sie die Wunden mit Holzkohlepulver oder heißer Zigarettenasche. Die abgeschnittenen Triebspitzen übrigens können Sie in allen Fällen als Stecklinge benutzen.

NEUER TOPF UND FRISCHE ERDE

Verschiedene Gründe sprechen dafür, Zimmerpflanzen in regelmäßigen Abständen umzutopfen: weil die alte Erde verbraucht und ausgelaugt ist, weil sich schädliche Stoffe in ihr ablagern oder weil der alte Topf zu klein ist.
Was die Töpfe angeht, so haben Sie die Wahl zwischen solchen aus Ton und solchen aus Kunststoff. Beide haben ihre Vor- und Nachteile. Tontöpfe sind luft- und wasserdurchlässig (das mögen Pflanzen), lassen sich aber schlechter säubern und zerbrechen leicht. Kunststofftöpfe halten ewig, belasten aber die Umwelt, wenn sie ausrangiert werden, und sind für manche große Pflanzen zu leicht. Den Pflanzen selbst ist es im Prinzip egal, worin sie wachsen. Aber: In Kunststofftöpfen verbrauchen sie weniger Wasser, da durch die Wände nichts verdunstet.
● Neue Tontöpfe sollten Sie vorm Bepflanzen einige Stunden in Wasser legen. Ältere, gebrauchte werden mit der Wurzelbürste gründlich geschrubbt.
Wichtiger als das Material des Gefäßes sind die Löcher im Boden. Wenn überschüssiges Wasser im Topf keine Möglichkeit zum Ablaufen hat und die Pflanze nasse Füße bekommt, stirbt sie bald.
Für empfindliche Pflanzen, die eine ganz gleichmäßige Bewässerung schätzen wie Farne, aber auch für Leute, die häufig verreisen, sind Pflanzgefäße mit Wasserspeicher ideal. Bei ihnen teilt ein Zwischenboden den Topf in einen Pflanz- und einen Wasserraum. In die Erde gelangt das Wasser über Saugdochte – und zwar immer nur soviel, wie die Pflanze gerade braucht. So ein Wasserreservoir kann eine Pflanze bis zu zwei Wochen lang versorgen.
Viel verkehrt machen kann man beim Kauf der Erde. Denn dabei spielt die Qualität eine große Rolle. Zu oft wird in großen Beuteln scheinbar billig etwas verkauft, was sich später als zusammengekratzter „Dreck“ erweist, der wie

Sand durch die Finger rinnt oder im Topf zu einer wasserundurchlässigen Kruste verhärtet. Seien Sie deshalb beim Einkauf wählerisch; nehmen Sie lieber ein gutes Markenprodukt, auch wenn es eine Mark mehr kostet.

● Die meisten Pflanzen sind mit der sogenannten Einheitserde, einer Mischung aus Ton und Torf, ganz zufrieden. Inzwischen gibt es auch schon Substrate, die den Torf teilweise oder auch ganz ersetzen. Manche wie Kakteen, Orchideen und auch Moorbeetpflanzen wie Azaleen haben Sonderwünsche an die Erde. Doch ehe Sie nun versuchen, die übliche Blumenerde durch bestimmte Zusätze zu verändern (was für einen geübten Gärtner kein Problem ist), können Sie einfach für jeden Fall Spezialerden im Fachhandel kaufen.

ZEIT ZUM UMTOPFEN

Dringend notwendig wird das Umtopfen, wenn die Wurzeln schon aus dem Bodenloch wachsen, wenn sie die Pflanze nach oben aus dem Topf drücken oder wenn die Pflanze, wie es bei Sansevierien vorkommen kann, sogar den Topf sprengt.

Bei Pflanzen, die keine eindeutigen Signale geben, sollten Sie sich den Wurzelballen anschauen. Ist viel Erde und wenig Wurzelwerk zu sehen, setzen Sie die Pflanze in den alten Topf zurück und verschieben das Umpflanzen noch einige Zeit. Sind die Wurzeln jedoch stark verfilzt und sehen aus wie eine Dose Sauerkraut, ist es höchste Zeit für einen neuen Topf.

● Eine gesunde Pflanze hat helle, fast weiße Wurzeln. Braune oder gar schwarze Wurzeln sind krank oder sogar schon abgestorben. In einem solchen Fall sollten Sie soviel Erde wie möglich abschütteln, alle kranken Wurzelteile abschneiden, die restlichen Wurzeln unter fließendem Wasser abspülen und die Pflanze komplett in frische Erde setzen. Bei einer gesunden Pflanze mit gesunden Wurzeln bröckeln Sie nur am oberen Teil des Topfballens, rings um den Pflanzenhals, die Erde mit den Händen ab, lassen den Ballen sonst aber unbeschädigt.

● Der neue Topf sollte etwa zwei Nummern größer sein als der alte (das bezieht sich auf den Topfdurchmesser). Wer eine kleine Pflanze in einen großen Topf setzt, tut ihr nichts Gutes: Die Pflanze ist so damit beschäftigt, genügend Wurzeln für die viele Erde zu bilden, daß ihr restliches Wachstum stockt.

In den neuen Topf kommen zuerst eine Topfscherbe über das Bodenloch, dann eine Handvoll Blähton oder Kieselsteine als Drainageschicht, dann erst die Erde. Wichtig: Die Pflanze darf im neuen Topf

ARBEITSKALENDER

Im Januar: *Ruhezeit für die meisten Pflanzen – es wird wenig gegossen und nicht gedüngt. Ausnahme: blühende Pflanzen. Bei trockener Heizungsluft für ausreichende Luftfeuchte sorgen: häufig sprühen, Luftbefeuchter aufstellen.*

Im Februar: *Arbeiten wie im Januar. Untersuchen Sie die Pflanzen regelmäßig auf Schädlingsbefall. Ab Monatsende öfter lüften (aber Zugluft vermeiden): Viele Pflanzen treiben jetzt aus.*

Im März: *Jetzt ist für die meisten Pflanzen die richtige Zeit zum Umtopfen. Üppige kann man dabei teilen, andere durch Stecklinge vermehren. Bei sonnenempfindlichen Pflanzen für Schattierung sorgen.*

Im April: *Die Pflanzen wachsen jetzt wieder kräftig, brauchen mehr Wasser und auch wieder Dünger. Einige wie Gardenie, Buntnessel, Hibiskus wachsen und blühen nach einem Rückschnitt besser.*

Im Mai: *Weiter regelmäßig gießen und düngen. Robuste Zimmerpflanzen kann man in der zweiten Monatshälfte nach draußen, auf Balkon oder Terrasse, stellen.*

Im Juni: *Weiter regelmäßig gießen und düngen, an heißen Tagen auch übersprühen. Topferde hin und wieder lockern. Einen warmen Sommerregen können Sie nutzen, um Pflanzen zu säubern (aber keine blühenden).*

Im Juli: *Arbeiten wie im Juni. Achten Sie auf Schädlingsbefall. Denken Sie an die Urlaubsversorgung Ihrer Zimmerpflanzen.*

Im August: *Regelmäßig gießen, düngen nur noch bis zum Monatsende.*

Im September: *Die Pflanzen bereiten sich auf die Ruhezeit vor. Weniger gießen, nicht mehr düngen, „Sommerurlauber“ in der zweiten Monatshälfte wieder ins Haus holen. Schattierung ist auch für sonnenempfindliche Pflanzen nicht mehr notwendig.*

Im Oktober: *Die meisten Pflanzen brauchen jetzt einen kühleren Platz weit weg von der Heizung. Je niedriger die Temperaturen sind, um so weniger wird gegossen. Nicht mehr düngen.*

Im November: *Arbeiten wie im Oktober. Blühende Pflanzen bekommen etwas Dünger. Sorgen Sie unbedingt für höhere Luftfeuchtigkeit.*

Im Dezember: *Arbeiten wie im Oktober/November. Die Pflanzen sind jetzt sehr anfällig für Schädlinge: Machen Sie regelmäßige Kontrollen.*

nicht tiefer sitzen als im alten. Nach dem Einpflanzen gießen Sie reichlich. Danach bekommt die Pflanze, bis sie richtig eingewurzelt ist, nur soviel Wasser, daß die Erde nicht austrocknet. Erst wenn sich neue Blättchen bilden, wird wieder normal gegossen. Düngen dürfen Sie in den ersten sechs Wochen nach dem Umtopfen nicht, da in der neuen Erde schon eine Startdüngung vorhanden ist.
Die beste Zeit zum Umtopfen ist das Frühjahr, zwischen Ende Februar und Anfang April, wenn die Pflanzen anfangen, neu auszutreiben. Manche aber, etwa junge Bananen, wachsen so schnell, daß sie wahrscheinlich auch zwischendurch einmal einen neuen Topf und frische Erde brauchen.
Nach ein paar Jahren wachsen Pflanzen nicht mehr so schnell wie in ihrer Jugend. Dann reicht ein Umtopfen alle zwei, drei Jahre. Trotzdem sollten Sie in den dazwischenliegenden Jahren die oberste Erdschicht auswechseln. Denn diese ist besonders verkrustet. Und dort lagern sich auch schädliche Stoffe aus dem Gießwasser und Düngerreste ab.

SCHÄDLINGE AN ZIMMERPFLANZEN

Blattläuse *sind die am häufigsten vorkommenden Schädlinge. Sie sitzen an Triebspitzen, Knospen, unter den Blättern. Einzelne Läuse kann man mit einem Stäbchen abstreifen, robuste Pflanzen auch mit lauwarmem Wasser kräftig abduschen.*
Spinnmilben *treten besonders häufig im Winter auf, wenn die Temperaturen hoch sind und die Luft trocken ist. Erstes Anzeichen sind winzige, weiße Flecken auf den Blättern. Später folgen graue Gespinste, die bald die ganze Pflanze überziehen. Auch hier hilft Abbrausen. Vor allem aber müssen Sie die Standortbedingungen der Pflanze ändern.*
Schmier- oder Wolläuse *sitzen als weiße Wollflöckchen in den Blattachseln. Oft hilft Bepinseln mit einer Seife-Spiritus-Lösung (10 ml Brennspiritus in 1 l lauwarmem Seifenwasser auflösen).*
Schildläuse *sehen aus wie braune, runde Panzer. Sie bevorzugen Stellen entlang der Blattadern. Einzelne Läuse kann man mit einem Messer abkratzen oder einer alten Zahnbürste abbürsten. Auch Seife-Spiritus-Lösung hilft.*
Weiße Fliegen *fliegen auf die Farbe Gelb. Im Fachhandel gibt es mit Leim beschichtete Gelbtafeln, die einfach im Blumentopf befestigt werden. Schütteln Sie eine befallene Pflanze, damit die Fliegen in Bewegung geraten.*
Thripse *oder Blasenfüße sind an silbrigen Blattflecken zu erkennen. Gummibäume gehören zu ihren Lieblingspflanzen. Oft sterben sie schon, wenn man die Luftfeuchtigkeit erhöht. Sonst hilft auch Abbrausen. Größere Tiere kann man abbürsten.*
Gegen alle Schädlinge gibt es im Fachhandel Spritzmittel (auch biologische) zu kaufen, die man aber mehrmals im Abstand von einigen Tagen anwenden muß.
Im geschlossenen Blumenfenster und im Wintergarten kann man auch gut mit Nützlingen arbeiten: Sie vertilgen die letzte Laus und sterben anschließend selbst. Solche Nützlinge (für jeden Schädling gibt es einen ganz bestimmten) kann man im Gartencenter bestellen.

WENN PFLANZEN KRÄNKELN

Die meisten Krankheiten bei Zimmerpflanzen entstehen durch einen falschen Standort oder durch falsche Pflege. Auch Pilzerkrankungen und tierische Schädlinge sind meist nur die Folge davon. Das heißt: Sie befallen bereits kranke oder geschwächte Pflanzen eher als gesunde. Und eine robuste Pflanze wird mit Läusen, die immer mal auftreten können, viel besser fertig als eine, die am falschen Platz vor sich hinkümmert.
Schauen Sie sich Ihre Pflanzen genau an und registrieren Sie, ob etwas nicht stimmt.

- Lange Triebe mit weit auseinandersitzenden Blättern deuten auf Lichtmangel und/oder zu hohe Temperaturen hin.
- Braune Blattspitzen sind ein Signal für zu trockene Luft.
- Wenn Stengel von unten faulen, hat die Pflanze zu viel Wasser oder zu viel Dünger bekommen.
- Fallende Blätter können zu Beginn der Ruheperiode normal sein. Schuld daran können aber auch Temperaturwechsel, Zugluft, zu viel Wasser, Lichtmangel oder andere Dinge sein.
- Braune Blattränder sind meist ein Zeichen für Düngefehler. Am besten überprüfen Sie, wenn an einer Pflanze etwas Ungewöhnliches auffällt, Punkt für Punkt die Standort- und Pflegewünsche mit den Bedingungen, die in Ihrer Wohnung herrschen.

Trotz aller Pflege ist man vor Schädlingen nie völlig sicher. Je früher Sie aber solche ungebetenen Gäste entdecken, desto schneller werden Sie sie wieder los, um so weniger leidet die Pflanze.
Vor allem im Winter sollten Sie Ihre Pflanzen einmal in der Woche gründlich unter die Lupe nehmen. Schauen Sie nach, ob verdächtige Blattflecken, Fraßstellen, welke Teile, klebrige Flecken zu sehen oder zu fühlen sind. Drehen Sie auch die Blätter um und betrach-

ten die Unterseite! Dort und an den Triebspitzen halten sich die Schädlinge am liebsten auf.

- Hören Sie nicht nach der dritten gesunden Pflanze mit der Kontrolluntersuchung auf; schauen Sie alle an. Es gibt Schädlinge, die befallen nur ganz bestimmte Pflanzenarten.

Allerdings erfordert das Vertreiben von Schädlingen Ausdauer. Eine einmalige Aktion genügt meist nicht. Denn kurz nach einer Behandlung der Pflanze schlüpft aus den bereits abgelegten Eiern der entfernten Schädlinge deren Nachwuchs. Und auch gegen den muß man schnell wieder etwas tun.

Manche Samen sind so schön, daß sie zum Aussäen fast zu schade sind.

PFLANZEN SELBST GEZOGEN

In der Natur vermehren sich die meisten Pflanzen durch Samen. Auch viele Zimmerpflanzen können Sie so heranziehen. Samen bekommen Sie im Gartencenter, Raritäten bei speziellen Samenhandlungen. Die beste Zeit zum Aussäen ist die erste Jahreshälfte. Dann bekommen die heranwachsenden Jungpflanzen mit Sicherheit genug Licht.

- Große, dickschalige Samen wie von Palmen und Bananen läßt man vor dem Keimen 24 Stunden in einer Thermoskanne mit warmem Wasser quellen. Dann werden sie einzeln in Torfquelltöpfe oder kleine Töpfe mit Anzuchterde gesteckt.
- Sehr feine, winzige Samen wie die vom Schiefteller sät man gleichmäßig in flache Schalen und übersiebt sie dünn mit Erde. Lichtkeimer wie die Samen des Fleißigen Lieschens dürfen nicht mit Erde bedeckt werden.

Nach der Ausaat wird die Erde mit einem Blumensprüher angefeuchtet. Dann stülpen Sie am besten eine durchsichtige Folie über den Topf oder stellen ihn in ein kleines Zimmergewächshaus. Unter der Abdeckung bleiben Boden- und Luftfeuchtigkeit nahezu konstant; das ist für eine schnelle Keimung wichtig. Zeigen sich die ersten Spitzen, wird täglich kurz gelüftet.

Haben sich die Keimlinge gut entwickelt, kann man die Abdeckung ganz abnehmen. Etwas später dann werden die Jungpflanzen einzeln in größere Töpfe mit Blumenerde umgesetzt.

Viele Pflanzen lassen sich auch schnell und leicht durch Stecklinge vermehren. Dafür können Sie fast jedes Pflanzenteil verwenden. Bei den meisten schneidet man etwa 10 cm lange Triebspitzen ab. Beim Usambaraveilchen reicht ein einzelnes Blatt, bei der Sansevierie sogar ein Blattstück, beim Drachenbaum oder der Dieffenbachie ein Teil des Stammes.

- Die beste Zeit für die Stecklingsvermehrung ist März bis August. Für eine gute Bewurzelung ist auch in diesem Fall gleichmäßige Luft- und Bodenfeuchte notwendig.
- Holzige Stecklinge, etwa von Hibiskus oder Azalee, die sich von Natur aus schlechter bewurzeln, kann man vorm Stecken in ein spezielles Bewurzelungspulver (Fachhandel) stippen.

Bei vielen kletternden oder hängenden Pflanzen bekommt ein Trieb schon dann Wurzeln, wenn er nur auf die Erde gelegt und ein wenig festgeklammert wird. Nach der Bewurzelung wird die Verbindung zur Mutterpflanze durchgetrennt.

- Andere Pflanzen wie Grünlilie, aber auch Bromelien und Bananen, lassen ganz von selbst komplette Pflänzchen wachsen (an Stielen, auf Blättern oder am Fuß der Pflanze), die häufig sogar schon Wurzeln haben. Sie braucht man nur abzuschneiden und separat einzutopfen.
- Die einfachste Art aber, eine Pflanze zu vermehren, ist, sie im Frühjahr beim Umtopfen zu teilen. Dafür bieten sich alle Pflanzen an, bei denen die Triebe nebeneinander aus der Erde kommen. Dazu bröseln Sie möglichst viel Erde vom Wurzelballen und versuchen dann, ihn mit den Händen in zwei oder drei Teile auseinanderzuziehen. Ist er zu dicht verwachsen, muß mit einem scharfen Messer nachgeholfen werden. Entstehen dabei größere Verletzungen, bestreuen Sie diese mit Holzkohlepulver. Dann kommen die einzelnen Teile separat in Töpfe, werden gut angegossen und zunächst hell und warm, aber nicht in die pralle Sonne gesetzt.

Balkone – kleine Gärten in

Man braucht nur ein paar Ideen und viele Blumen. Dann wird selbst ein winziger Balkon zur Wasserlandschaft, zum Bauerngarten, zur Duftoase, zum Kinderspielplatz.

Mit Studenten- und Pantoffelblumen, mit Fleißigen Lieschen und violettem Heliotrop wird der Balkonkasten zum bunten Blumenbeet.

luftiger Höhe

Ostern läßt grüßen – zum Fest der Hasen und Eier wird der Frühlingsbalkon geschmückt.

Erste Blüten im Frühling

Vier Monate Blütezeit – das ist viel zu wenig für einen Balkon. Lassen Sie die Saison ruhig schon im März beginnen und bis zum Winter andauern.

Frühlingsanfang – Grund genug, Ihren Balkon in eine Frühlingsschönheit zu verwandeln. Was Sie brauchen, bieten Wochenmärkte und Gärtnereien reichlich: Kissenprimeln, Stiefmütterchen, Tausendschönchen, Vergißmeinnicht, all die frühlingsblühenden Zwiebelblumen und vieles mehr.

Wenn Sie etwas ganz Besonderes möchten, können Sie sich auch einen Frühlingsstrauch auf den Balkon holen. Kätzchenweide, Mandelbäumchen und Rhododendron werden zwar nicht so groß wie im Garten, aber wachsen im Kübel ausgezeichnet.

Manche Frühlingsblumen, vor allem Stiefmütterchen und Ver-

Ein Kübel voller Frühling: mit Osterglocken, duftenden Hyazinthen und niedrigen Wildnarzissen.

Der Balkonfrühling kann ebenso vielfältig sein wie im Garten: mit ein- und zweijährigen Pflanzen, Zwiebelblumen und Sträuchern.

gißmeinnicht, blühen sogar so lange, daß sie im Mai, wenn die Sommerblumen drängen, noch die Balkonkästen blockieren. Schade wäre es, sie dann einfach wegzuwerfen. Schaffen Sie sich lieber einen zweiten Satz Kästen an. Oder funktionieren Sie andere Gefäße zum Blumenkübel um: Körbe, Wannen und halbierte Fässer sind prima geeignet. Selbst eine Obstkiste vom Markt läßt sich in ein buntes Blumenbeet verwandeln.

Setzen Sie die Frühlingsblumen gleich beim Kaufen dicht in die Gefäße. Sie wachsen kaum mehr und sehen üppig am schönsten aus. Gießen Sie regelmäßig, aber nicht zuviel. Denn zu dieser Jahreszeit trocknet die Erde noch nicht so schnell aus. Bei drohendem Nachtfrost werden die Gefäße am besten an die schützende Hauswand gerückt. Wem das Abnehmen vom Geländer zu mühsam ist, der kann die Blumen mit Noppenfolie oder alten Jutesäcken abdecken.

FRÜHLINGSBLUMEN

Frühlingsanemone (Anemone blanda), Gemswurz (Doronicum), Goldlack (Cheiranthus), Primel (Primula), Ranunkel (Ranunculus), Stiefmütterchen (Viola x wittrockiana), Tausendschönchen (Bellis), Vergißmeinnicht (Myosotis) und Zwiebelblumen wie Hyazinthen, Krokusse, Narzissen, Tulpen und andere.

Richtige Schönheiten: Ranunkeln mit ihren dicken Blüten. Sie kommen später in den Garten.

Blüten in Hülle und Fülle: Frühlingsblühende Zwiebelblumen wie Tulpen, Narzissen und kleine Blausternchen blühen wochenlang.

Mitte Mai beginnt die Hochsaison

Wenn die Tage warm und sonnig werden, verwandelt sich der Balkon in ein buntes Blumenzimmer.

Nach den Gedenktagen der berühmten Eisheiligen Mitte Mai blühen die Balkone auf. Immer mehr und immer neue Blumen werden angeboten: niedrige für Kästen, höhere für Kübel, hängende für Ampeln, kletternde für Rankgerüste.

Wem das noch nicht reicht, der kann auch fast jede Gartenpflanze in einen Topf setzen. Außerdem freuen sich viele Zimmerpflanzen über einen Sommerurlaub an der frischen Luft.

Kein Balkon ist zu klein, um nicht etwas Besonderes daraus zu machen. Bepflanzen Sie ihn doch einmal Ton in Ton. Ein Erlebnis

Wie ein Sommergarten wirkt der Balkon mit
einer Birke im Kübel, Fleißigen Lieschen im Kasten,
mit Margeriten und Petunien.

für Augen und Nase sind Duftpflanzen. Mit kleinwüchsigen Bäumen und Sträuchern können Sie sich sogar einen Wald vorm Wohnzimmer anlegen. Kulinarische Genüsse versprechen Kräutergärtchen, Gemüse im Kasten, Tomaten und Beerenbüsche im Kübel.
Ihrer Fantasie sind keine Grenzen gesetzt. Allerdings sollten Sie immer darauf achten, daß die besonderen Lichtwünsche jeder Pflanze befriedigt werden.
Freie Auswahl haben Sie auch bei den Gefäßen. Bepflanzen können Sie nämlich alles, was Ihnen gefällt und was Erde halten kann: für Blumen Gedachtes genauso wie Zweckentfremdetes. Das kann eine Gemüsekiste vom Markt sein (vorher mit Folie auslegen), ein halbes Holzfass, Töpfe, Blecheimer, Weidenkörbe, Wannen. Nur eines ist wichtig: Das Gefäß sollte Löcher im Boden haben,

SONNENKINDER

Blaue Mauritius (Convolvulus), Duftwicke (Lathyrus), Geranie (Pelargonium), Goldmünze (Asteriscus), Kapaster (Felicia), Kapuzinerkresse (Tropaeolum), Mittagsgold (Gazania), Nelke (Dianthus), Petunie (Petunia), Portulakröschen (Portulaca), Salbei (Salvia), Schwarzäugige Susanne (Thunbergia), Verbene (Verbena), Zinnie (Zinnia).

Selbst der kleinste Balkon kann sich in ein Blumenmeer verwandeln, wenn man auch noch den Boden und die Wände für Pflanzen nutzt.

Eingerahmt von Glockenblumen und Fleißigen Lieschen genießt der steinerne Löwe den Balkon.

damit überschüssiges Wasser ablaufen kann. Geht das nicht, müssen Sie für eine extradicke Drainageschicht sorgen. Dafür eignen sich am besten grober Kies oder Blähton. Ein Vlies sorgt dafür, daß die Erde nicht zwischen die Drainage rieselt.

Natürlich steht an erster Stelle immer noch der übliche Balkonkasten. Damit dieser sich im Sommer tatsächlich in ein Blumenmeer verwandelt, sollten in jedem Kasten Pflanzen mit verschiedenen Wuchsformen anzutreffen sein: hochwachsende, die den Hintergrund bilden, kleinere aufrechte in der Mitte und hängende Pflanzen vorne am Rand.

Richtig üppig sieht es aber erst dann aus, wenn Balkonkästen mit Blumen in zwei Reihen besetzt werden. Dazu müssen die Kästen aber mindestens 20 cm tief und möglichst breit sein.

Wie kleine Rosen sehen Petunien mit gefüllten Blüten aus. Sie brauchen schönes Wetter.

Auf knapp drei Quadratmetern wachsen hier Fuchsien, Begonien, Fleißige Lieschen, Geranien, Gelbe Margeriten, Duftsteinrich und mehr.

Farbenpracht auf dem Herbstbalkon

In Gartencentern ist das Balkonblumenangebot im September fast so groß wie im Mai.

Ende September ist es mit den Sommerblumen auf dem Balkon meist vorbei. Nicht aber mit der Balkonsaison. Dann gibt es nämlich überall Blumen in den schönsten Herbstfarben zu kaufen, denen selbst die ersten kalten Nächte wenig ausmachen: Chrysanthemen in Gelb- und Orangetönen, Herbstastern in Rot und Violett, Heidekraut in Purpur und Weiß, Zierkohl, der gleich alle Farben des Herbstes auf seinen Blättern vereint.

Sie können im Herbst aber auch gleich für die nächsten Jahre vorsorgen und langlebige Sträucher in Kübel setzen. Wer sich für Immergrüne wie Buchsbaum und Koniferen entscheidet, hat auch im Winter etwas zum Anschauen.

Wer kurzlebige Herbstblumen in die Kästen der verwelkten Som-

Genießen Sie die letzten Sonnentage auf dem Balkon: zwischen Herbstblumen, Ziergräsern und rotverfärbtem Essigbaum im Kübel.

merblüher setzt, kann sogar einen Teil der alten Erde drinlassen. Wichtig im Herbst ist das Gießen, denn die Herbstsonne, vor allem aber die aufkommenden Winde trocknen die Erde im Gefäß schnell aus.
Etwas Dünger alle zwei Wochen und das Abschneiden aller welken Blüten sorgen dafür, daß sich auch die letzte Knospe öffnet. Wer Herbstblumen bei drohendem Frost mit Tüchern abdeckt, verlängert die Blütenpracht noch um ein bis zwei Wochen.

HERBSTBLUMEN

Heidekraut(Erica gracilis), Herbstchrysantheme (Dendranthema-Grandiflorum-Hybride), Silberblatt (Senecio bicolor), Sommeraster (Callistephus chinensis), Strauchveronika (Hebe-Andersonii-Hybride), Torfmyrte (Pernettya), Zierkohl (Brassica oleracea).

Die Stars im Herbst sind Chrysanthemen, die es in vielen Farben gibt. Hübsch dazu: das Silberblatt.

Heidekräuter und Zierkohl sind ganz langlebige Herbstblumen. Oft sehen sie noch den ganzen Winter über dekorativ aus.

Ein Wintermärchen

Der Winterbalkon muß nicht kahl sein – ganz im Gegenteil.

Schneeflocken liegen wie Puderzucker auf dem Buchsbaum, Rauhreif glitzert wie Kristall in den Wedeln eines Ziergrases, rote Beeren von Cotoneaster setzen Farbakzente – Winterstimmung auf dem Balkon.
Sträucher und Bäume können Sie noch bis Mitte Dezember im Topf kaufen und auf den Balkon stellen. Weil die Wurzeln im Topf frostgefährdet sind, sollten sie verpackt werden: Noppenfolie um den Topf wickeln oder ihn in einen großen Übertopf stellen und den Zwischenraum mit Laub oder Styroporschnipseln zustopfen.
Wer den Balkon nicht neu bepflanzen will, kann die Kästen mit Zweigen und Zapfen winterlich schmücken. Im Advent lassen sie sich mit Lichterketten, Kugeln, Sternen und Schleifen dekorieren.

WINTERSCHÖNHEITEN

Buchsbaum (Buxus), Christrose (Helleborus), Efeu (Hedera), Schneeheide (Erica herbacea), Stechpalme (Ilex), Zwergkonifere.

Winzige Kugeln leuchten aus dem Grün der Koniferen, machen sie zu Weihnachtsbäumchen.

Exotische Trockenblumen, Zweige und Gräser in Rot und Grün schmücken den Balkonkasten.

Das Silbergrau des Silberblatts, das Grün von Girlande, Zweigen und Koniferen, Lichterkette und Glitzerschmuck zaubern Atmosphäre.

Ein weißer Vorschlag für halbschattige Balkone: edle Lilien und Hortensien, duftender Ziertabak und Fleißige Lieschen.

Träumereien ganz in Weiß

Balkone Ton in Ton liegen im Trend. Hier die weiße Version.

Weiße Blüten auf dem Balkon wirken an heißen Sommertagen erfrischend kühl und an trüben wie kleine Lichtpunkte. Bis in den Herbst hinein fällt jede Blüte auf, weil sie vor dem Blattgrün leuchtet. Besonders schön sieht ein weiß bepflanzter Balkon in der Dämmerung aus, wenn noch die letzten Lichtstrahlen von den Blüten reflektiert werden. Weiß im Vordergrund wirkt hell und klar. Weiß im Hintergrund verstärkt die Intensität anderer Farben.

Unter den Weißen gibt es viele edle Blumen: Lilien, Topfrosen, Hortensien mit ihren üppigen Blütenbällen. Aber auch die bekannten Balkonblumen haben fast alle eine weißblühende Sorte zu bieten.

Wer sich für weiße Margeriten entscheidet, holt sich damit wind- und wetterfeste Pflanzen auf den Balkon. Mit weißblühendem Knöterich und weißen Winden lassen sich Wände beranken.

Viele der weißen Schönheiten duften auch noch. Wie etwa Ziertabak, Oleander oder Engelstrompete. Weißgemustert können übrigens auch Blätter sein: etwa vom Harfenstrauch oder vom Gundermann.

WEISSE BLÜTEN

Sie wirken edel und kühl: Begonie (Begonia), Duftsteinrich (Lobularia), Fleißiges Lieschen (Impatiens), Fuchsie (Fuchsia), Geranie (Pelargonium), Hortensie (Hydrangea), Kapkörbchen (Osteospermum), Margerite (Argyranthemum), Mittagsgold (Gazania), Nelke (Dianthus), Petunie (Petunia), Schneeflockenblume (Sutera).

Margeriten gehören zu den windfesten Blumen. Sie blühen unermüdlich, wenn sie nur genug Wasser bekommen.

Gelb wie die Sommersonne

Selbst an trüben Tagen lassen gelbe Blumen ein wenig Sonne ahnen.

Gelbe und orangefarbene Blüten muntern jeden Balkon auf. Im Frühsommer und im Herbst sollten sie auf keinen Fall fehlen. Denn dann sorgen die warmen Farben zumindest optisch für Wärme.
Mit gelben Blüten kann man dunkle Balkonecken aufhellen. Allerdings müssen es dafür Pflanzen sein, die wenig Sonne brauchen, wie Knollenbegonien mit ihren dicken Blütenbällen, Taglilien im Kübel, vielleicht ein kletterndes Geißblatt.
Passend zu gelben Blüten gibt es auch Blattpflanzen: den gelbgrünen Ziersalbei und die *Lysimachia* (Felberich) 'Outback Sunset', deren Laubfärbung von grünlichem Gelb bis zu leuchtendem Goldgelb variiert.
Gelb drängt sich mit seiner Leuchtkraft in den Vordergrund. Wer es mit anderen Farben kombiniert, muß darauf achten, daß es schwache Töne nicht erdrückt.

Ein Vorschlag für gelbe Sonnenbalkone: gelbe Margeriten, Studentenblumen, Schwarzäugige Susanne und die zartgelbe Datura.

Im Herbst sorgen gelbe Blumen wie Chrysanthemen zumindest für optische Wärme.

An Wildblumen erinnert die zierliche Tagetes tenuifolia mit kleinen, einfachen Blüten.

GELB UND ORANGE

Sie leuchten wie die Sommersonne: Gelbes Gänseblümchen (Dyssodia), Goldfieber (Bidens), Goldlack (Cheiranthus), Goldmünze (Asteriscus), Husarenknöpfchen (Sanvitalia), Kapkörbchen (Osteospermum), Kapuzinerkresse (Tropaeolum), Mittagsgold (Gazania), Pantoffelblume (Calceolaria), Ringelblume (Calendula), Schwarzäugige Susanne (Thunbergia), Sonnenblume (Helianthus), Studentenblume (Tagetes).

Rosarote Blütenträume

Ein Balkon mit rosa und roten Blumen wirkt immer interessant.

Rot ist genau die richtige Farbe, um einen Balkon aufzumuntern, dem der letzte Pfiff fehlt. Rot wirkt anregend und aufregend, faszinierend und herausfordernd, rückt Dinge in den Vordergrund, hat aber auch Fernwirkung: An einem rotbepflanzten Balkon geht kaum jemand vorbei, ohne einen Blick darauf zu werfen.

Knallrote Geranien, Verbenen und Salbei schaffen eine ländliche Atmosphäre auf dem Balkon. Vor allem, wenn man sie in rustikale Körbe und Kisten setzt. Ein Granatapfelbaum mit roten Blüten, Topfrosen und lang herabhängender Hornklee zaubern, in Terrakottagefäße gesetzt, eine eher südliche Atmosphäre.

Wem das leuchtende Rot zu aggressiv ist, der greift besser zu rosafarbenen Blumen. Je heller das Rot ist, desto beruhigender wirkt es. Rot mit Rosa zu mischen kann problematisch werden: Zu leicht beißen sich die Farben. Pflanzen Sie in solchen Fällen grüne und graulaubige Gewächse wie etwa das Silberkraut dazwischen. Das mildert allzu harte Farbkontraste.

Fast ein wenig südlich wirkt die rote Ecke mit Oleander, Hibiskus, Rosen, Nelken, Geranien und Verbenen.

Bei Knollenbegonien findet jeder seine Lieblingsfarbe. Selbst auf Schattenbalkonen blühen sie bis in den Herbst hinein.

Ein apartes Farbenspiel bilden die Fleißigen Lieschen in zartem Rosa und schon leicht purpurfarbenem Rot.

ROT IN NUANCEN

Ihre Blüten sind rot oder rosa: Begonie (Begonia), Federbusch (Celosia), Fleißiges Lieschen (Impatiens), Fuchsie (Fuchsia), Geranie (Pelargonium), Nelke (Dianthus), Petunie (Petunia), Portulakröschen (Portulaca), Salbei (Salvia), Sommeraster (Callistephus), Verbene (Verbena), Zinnie (Zinnia).

Ein Balkon Blau in Blau ist nicht einfach zu bepflanzen. Hier ist die Kombination gelungen: mit Kartoffelbaum, Fächerblume, Salbei, Petunie.

Blütenpracht in Blau

Von keiner anderen Farbe gibt es so viele Nuancen wie von Blau.

Blau, das ist die Farbe der Fantasie und der Träume – wobei kaum eine andere Farbe ein so breites Spektrum zu bieten hat. Je nach Nuance wirken blaue Blüten kühl und edel oder sanft und romantisch. Kühl sind dunkelblaue und blauviolette Töne; sanft zeigen sich himmelblaue und graublaue Blüten. Besonders auffallend sind blaue Blüten vor einer weißen Hauswand oder mit weißen Farbtupfern dazwischen.

Alle kühlen Blautöne gehören zu den Farben, die sich optisch vom Betrachter entfernen. Haben Sie einen kleinen Balkon, wirkt er mit blauen Glockenblumen im Geländerkasten und einer Blauen Mauritius am Spalier größer.

Blau mit Blau oder gar Violett zu kombinieren erfordert Fingerspitzengefühl. Denn blaue Blüten verändern sich im Laufe des Tages: Ein klares Blau am Nachmittag kann am frühen Abend ein tiefes Lila sein, um sich am nächsten Morgen in ein strahlendes Himmelblau zu verwandeln.

BLAUE BLÜTEN

Sie lassen den Balkon mit dem Himmel verschmelzen: Becherblume (Nierembergia), Blaues Gänseblümchen (Brachycome), Blaue Mauritius (Convolvulus), Fächerblume (Scaevola), Glockenblume (Campanula), Kapaster (Felicia), Kaskadenblume (Centradenia), Leberbalsam (Ageratum), Lobelie (Lobelia), Petunie (Petunia), Vanilleblume (Heliotropium), Verbene (Verbena).

Zu den wenig bekannten blauen Blumen gehört die Becherblume. Sie braucht viel Sonne und Wärme.

Ein Balkon wie in den Ferien

Kein Urlaub mehr? Dann holen Sie sich das Mittelmeer auf den Balkon.

Wer an mediterrane Gefilde denkt, dem stehen zunächst mal üppige Blüten von Bougainvillea, Oleander und Granatapfel vor Augen.

Unsere Breiten erobert haben sich, zumindest im Kübel, aber auch die grünen Bewohner von Provence und Toskana: Zitrusgewächse, Zypressen, Feigenbäume, Eukalyptus, Stechpalmen, Lorbeer- und Olivenbäumchen. Gerade die südlichen Grünpflanzen haben allerdings ihren Preis und brauchen unbedingt einen kühlen Winterplatz. Eine preiswertere Alternative: Stellen Sie Zimmerpflanzen wie Dattelpalme, Agave und Yucca nach draußen – sie vermitteln ebenfalls mediterrane Impressionen und lieben im Sommer die frische Luft.

- Wer wenig Platz für Kübel hat, setzt Mittagsblumen, Geranien (die blühen auch in Griechenland und Italien) und zauberhafte Portulakröschen in Balkonkästen. Für sommerliche Düfte sorgt eine Ecke mit Rosmarin, Lavendel und anderen Kräutern.
- Doch ganz egal, was Sie pflanzen: So eine richtige Mittelmeeratmosphäre läßt sich nur auf einen Südbalkon zaubern. Denn fast alle Südländer brauchen viel Sonne und Wärme.
- Ebenso wichtig wie südländische Pflanzen ist das passende Drumherum: Korbmöbel, gußeiserne Vasen, Putten, die ruhig aus Gips sein dürfen. Und natürlich Terrakotta als Kübel, Schale, Säule, in Form von Pinienzapfen, Obstkörben und Blüten, die auf Stäbe gesteckt werden. Echtes Terrakotta kommt aus dem toskanischen Impruneta, ist handgefertigt und frostfest. Wer nicht soviel Wert aufs Original legt, bekommt auch preisgünstige Nachahmungen, die man aber im Herbst einräumen muß.
- Stilecht sind Kübel mit Ringen, Fruchtbändern oder Blumengirlanden und mit untergelegten Löwentatzen aus Ton, die dafür sorgen, daß Wasser durchs Bodenloch abfließen kann.
- Genauso typisch südländisch, aber nur für kleinere Pflanzen geeignet, ist ein buntes Sammelsurium aus emaillierten Milchkrügen, alten Henkeltöpfen und bunten Dosen als Übertöpfe.
- Wenn Sie Ihren Balkon südländisch planen, dann passen sogar alte Waschbetonplatten mit ihrer kieselartigen Oberfläche. Zementboden kann man mit Holzrosten belegen oder farbig streichen, etwa mittelmeerblau.

Typisch südlich: Zitrusgewächse wie Zitrone, Kumquat und Orange. Sie brauchen viel Sonne.

Da fühlt man sich gleich wie am Mittelmeer: mit Bougainvillea, Hibiskus, Oleander, Palme und Agave, mit Bistrotisch und weißer Bank.

Gräser aller Art, Bambus und Papyrus, passen auf den asiatischen Balkon. Ebenso Bonsais, Hibiskus und die Canna aus Westindien.

Entspannt wie in Fernost

Ein asiatischer Balkon ist eine Oase der Ruhe, mit viel Grün.

Ein Balkon im Asienlook – das heißt vor allem Blätter in allen Variationen. Das beginnt bei Ziergräsern: vom niedrigen Polstergras bis hin zum mannshohen Bambus, der gleichzeitig als Sichtschutz für Abgeschiedenheit sorgt. Kleine Nadelgehölze wie Zwergkiefern, Kriechwacholder und niedrige Muschelzypressen gehören dazu. Sie geben dem Balkon das ganze Jahr über ein schönes Gepräge. Purpurfarbene Akzente setzt der Japanische Fächerahorn, gelbgefleckt dagegen zeigt sich die robuste Goldorange *(Aucuba)*.

● Wenn es auf einem asiatischen Balkon blüht, dann vor allem in Blau und Lila von Schmucklilien, Hibiskus, Zierlauch und Funkien. Für Kastenbepflanzungen fernöstlicher Art empfehlen sich die aus Japan stammenden Surfinia-Petunien, Fächerblumen *(Scaevola)* und Chrysanthemen.

● Für noch mehr Farben sorgen Schalen, Töpfe und handbedruckte Blütenstoffe. Alles andere sollte möglichst in Naturtönen gehalten sein. Den Boden können Sie mit Holzrosten oder preiswerten Schilfmatten belegen. Vor der Sonne schützt ein Schirm aus hellem Lackpapier.

● Ganz wichtig sind kleine Stilleben. Das kann eine Pflanze in einem kostbaren Schmuckgefäß sein, eine schöne Skulptur oder ein großes Tablett, mit geharktem Kies und flachen Steinen belegt.

Tea-time im Rosengarten: Immer mehr Rosensorten werden speziell für Kübel gezüchtet. Praktisch für kleine Balkone: die klappbaren Teakmöbel.

Wie im englischen Garten

Sehr edel und ein wenig romantisch: Das ist englisch!

Englische Gärten sind weltberühmt – nicht wegen der einzelnen Pflanzen, sondern vor allem wegen der perfekten Gestaltung. So ein Stück englischer Gartentradition, unterstützt von passenden Möbeln und dem typischen Zubehör wie Sussexkörben, gußeisernen Etageren, Blümchenstoff und grüner Gießkanne, können Sie sich auf den Balkon holen.

● Der englische Stil beginnt schon bei den Farben. Nicht kunterbunt ist er, sondern auf zwei oder drei Töne beschränkt. Viel Rosa, ein bißchen Weiß, dazu das Grün der Blätter – das ergibt eine harmonische Gesamtwirkung auf die feine englische Art.

● Natürlich gibt es auch typisch englische Pflanzen. An erster Stelle stehen Rosen, die Sie ohne Probleme auf den Balkon holen können. Sogar englische Rosen vom Züchter David Austin, die den Charme der historischen mit der langen Blütezeit moderner Sorten verbinden, werden heute im Kübel verkauft.

● Je nach Sonnenlage gehören eine kletternde Clematis, eine Hortensie mit dicken Blütenbällen oder ein Fuchsienbäumchen zum britischen Arrangement. In Kästen oder kleinen Blumentöpfen können Glockenblumen, der zierliche Elfensporn *(Diascia)* und die neue Schneeflockenblume (*Sutera,* gehandelt als *Bacopa* 'Snowflake') wachsen.

● Engländer sind aber auch Meister im Umgang mit der Heckenschere, verwandeln einen simplen Buchsbaum in einen edlen Pfau oder ein lustiges Eichhörnchen. Wer noch wenig Übung darin hat, beginnt mit einfachen Figuren wie Kugeln, Kegeln, Pyramiden oder läßt den Grundschnitt vom Gärtner machen. Solch eine grüne Skulptur kann, da sie Frost verträgt, Ihren Balkon sogar im Winter schmücken.

Königlich englisch sind die klassischen Sussexkörbe aus Weidengeflecht. Mit Folie ausgelegt kann man sie bepflanzen.

Ein Balkon für Leib und Seele

Üppig und bunt sehen bayerische Balkone aus. Sie sind eine Freude fürs Auge, bedienen aber auch die Küche.

Balkons in Bayern, aber auch im Schwarzwald, sind meist besonders schön. Das liegt natürlich an den Geranien mit ihrer verschwenderischen Blütenfülle, aber auch an dem unbekümmerten Durcheinander. Da bilden Ringelblumen und Küchenkräuter ein hübsches Pärchen, wird der Tomatenstock zum Rittersporn im Kübel geschoben, konkurrieren Sonnenblumen und Feuerbohnen, wer von ihnen am höchsten wächst. Wer wenig Platz hat, kann übrigens auch niedrige Sonnenblumen im Topf kaufen.

● Neben den Geländerkästen stehen auch Töpfe auf dem Fußboden, klettern Pflanzen die Wand hoch, hängen Ampeln von oben herab. Hauptsache, die Farben leuchten.

● Auch bei den Gefäßen darf es lustig und bunt zugehen. Lackier-

Typisch für süddeutsche Balkone sind hängende Geranien. Nirgendwo sonst scheinen sie so üppig zu blühen. Daneben wachsen Bohnen und Tomaten.

te Eimer, alte Zinkwannen, ein großer Korb, Schmalztöpfe vom Flohmarkt – sie alle kann man bepflanzen. Wichtig sind Bodenlöcher. Kann man die nicht hineinbohren, weil ein Gefäß springen könnte, sollten Sie eine extradicke Drainageschicht einfüllen und vorsichtig gießen.

● Aber erst die liebenswerten Details machen den ländlichen Look perfekt: Rosenkugeln und gläserne Sonnen, die auf Stäben im Blumenkübel stecken, karierte Tischdecken und Klappstühle wie aus dem Biergarten, bunte Blechtiere und typisch bayerische Windfuchtler, die beim leisesten Windhauch die Arme drehen.

● Besonders schön üppig wirkt alles durch eine dichte Bepflanzung. Das geht am besten mit extra breiten Balkonkästen (mindestens 20 cm), in die man Blumen in zwei Reihen setzen kann: aufrechtwachsende nach hinten, hängende nach vorn.

Und dann die Pflege: Zwar gehören Geranien und andere bäuerliche Blumen zur robusten Art, sie blühen aber nur dann so reichlich, wenn sie viel Sonne, viel Wasser und vor allem sehr viel Dünger bekommen. Geben Sie am besten jede Woche eine Portion Flüssigdünger ins Gießwasser.

Der Hühnerhof aus Blech hat es sich zwischen Kräutern und Dahlien bequem gemacht.

Balkonurlaub in nordischer Atmosphäre

Viel Natur in Gelb-Blau-Weiß – das ist Skandinavien.

Gelb wie die Sommersonne, blau wie die weite See und weiß wie der Strand von Bornholm – das sind die Farben, die auf einen skandinavischen Balkon gehören. Die Auswahl an passenden Pflanzen ist groß, schließlich hat fast jede Sommerblume eine weiße oder gelbe Sorte zu bieten.

● Am schönsten sind hier Blumen, die aussehen, als ob sie geradewegs von der Wiese kommen: Margeriten aller Art, Ringelblumen, Kapkörbchen und Kapastern *(Felicia)*, Goldmünze *(Asteriscus)* und Husarenknöpfchen *(Sanvitalia)*. Sie alle brauchen zwar viel Sonne, sind aber ganz robust und pflegeleicht, vertragen auch steten Wind auf einem höhergelegenen Balkon.

Wunderschöne Partner, nur nicht so windfest, sind Glockenblumen, Klatschmohn und hochragende Stockrosen, wie sie in Dänemark neben den Haustüren wachsen. Wer Platz für ein oder zwei größere Kübel hat, kann den Skandinavienlook mit einer Birke und einer Preiselbeere perfektionieren.

Wie aus einem dänischen Bauerngarten
wirkt die Balkonszene: mit blauer Bank, Margeriten in
Weiß und Gelb und blauen Glockenblumen.

Im Topf kann man auch Kräuterspezialitäten wie bunten Salbei problemlos ziehen.

Die üblichen Kräuter kauft man am besten im Frühjahr im Topf und setzt sie dann um.

Bevor sie blühen, werden die Kräuter im Kasten als Wintervorrat geschnitten.

Kräuter – frisch vom Balkon

Kochen Sie gern? Dann machen Sie Ihren Balkon zum Kräutergarten.

Oregano mit seinen rosa Blütenbüscheln, Borretsch mit den blauen Sternenblüten, hübsch gekräuselte Petersilie und zarter, duftender Dill – Kräuter können, was die Schönheit angeht, durchaus mit Balkonblumen konkurrieren. Grund genug, ihnen eine kleine Sonnenecke auf dem Balkon zu reservieren.
Wissen sollten Sie, daß es kurzlebige Kräuter gibt wie Basilikum, Kerbel, Majoran, Petersilie. Und langlebige wie Estragon, Rosmarin, Schnittlauch, Zitronenmelisse. Sie werden auch im Topf viele Jahre alt.
Von den kurzlebigen können Sie problemlos mehrere zusammen in einen Kasten setzen; von den langlebigen nur dann, wenn alle gleiche Wünsche ans Winterquartier haben.
Schließlich lassen sich Kräuter noch in zwei Gruppen einteilen. Einmal die wärmebedürftigen Südländer wie Majoran, Oregano, Rosmarin, Salbei. Sie brauchen sehr viel Sonne und mageren Boden. Mischen Sie ihre Erde mit einem Viertel Sand.
Die zweite Gruppe sind die einheimischen Kräuter wie Schnittlauch, Petersilie, Kerbel, Liebstöckel. Sie fühlen sich in normaler Blumenerde wohl und gedeihen auch auf halbschattigen Balkonen. Sie kann man auch gut mit normalen Balkonblumen kombinieren.
In einen 70 cm langen Balkonkasten passen etwa sechs Kräuter. Grundsätzlich sollten Sie aber lieber eine Pflanze weniger als eine zuviel hineinsetzen. Denn sie brauchen noch Raum zum Wachsen. Gut gedeihen in Kästen und kleinen Töpfen Petersilie, Schnittlauch, Basilikum. Hochwachsende wie Borretsch, Liebstöckel, Rosmarin, Salbei benötigen dagegen große Kübel.
Achten Sie beim Einpflanzen auf eine gute Entwässerung. Gießen Sie regelmäßig, aber nie so üppig, daß Wasser aus dem Bodenloch läuft. Als Dünger sollten Sie nur organische nehmen. Diese können beim Einpflanzen unter die Erde gemischt oder später wie Flüssigdünger verwendet werden. Aber die Hälfte der auf der Packung angegebenen Menge reicht aus. Zu stark gedüngte Kräuter haben wenig Aroma.
Kräuter sind übrigens windempfindlich. Am besten bringen Sie an der Wetterseite des Balkons einen Schutz an, zum Beispiel ein beranktes Spalier. Gegen allzu heiße Mittagssonne hilft ein aufgespannter Sonnenschirm.
Wenn Ihre Kräuter im Laufe des Sommers ins Kraut schießen, sollten Sie öfter die Triebspitzen abschneiden (die Sie in der Küche verwenden können). Dann wachsen die Kräuter buschiger. Zum Kochen können Sie Kräuter nur verwenden, bis sie blühen.

Zu kleinen Sträußen gebunden kann man Kräuter an einem luftigen, schattigen Ort trocknen.

Duftende Höhepunkte

Die Lust auf Duft ist unter Pflanzenfreunden das Lieblingsthema.

Düfte sind ein besonderes Geheimnis der Natur. Versuchen Sie nicht lange, es zu ergründen. Genießen Sie einfach die aromatischen Wohlgerüche, die einige Pflanzen mit ihren Blüten verschwenderisch verteilen, die bei anderen in Blättern, Samen, in Rinde oder Holz verborgen sind.

Zu den schönsten Blütenduftern gehören Goldlack und Levkojen, von denen es auch niedrige Sorten für Kästen gibt, Heliotrop mit seinem intensiven Vanillegeruch, all die vielen Nelkenarten und die hübschen Löwenmäulchen.

Wer Platz für ein paar Kübel hat, kann duftende Lilien, Irisarten und Oleander hineinpflanzen. Oder auch Rosen wie von früher, mit ihren dicken Blüten, ihren zarten Farben und dem unvergleichlichen Duft. Sie gibt es seit einiger Zeit auch für Kübel zu kaufen.

● Ein Klettergerüst, ein Spalier oder Geländerstäbe brauchen Duftwicken, Kapuzinerkresse, Clematisarten und Glyzine. Die ersten beiden sind kurzlebig, die letzten beiden schenken Ihnen auch als Kübelpflanze viele Jahre lang herrliche Dufterlebnisse. Aber auch duftende Sträucher lassen sich in Gefäße setzen: zum Beispiel Flieder und Sommerjasmin (Pfeifenstrauch), Duftschneeball, Gewürzstrauch und blaue Bartblume.

Die meisten Düfte entfalten sich unter den wärmenden Strahlen der Sonne. Es gibt aber auch ausgesprochene Abenddufter, die erst bei Einbruch der Dämmerung ihre Wohlgerüche verströmen. Engelstrompeten gehören dazu und Nachtviolen, Geißblattarten, Wunderblumen und Ziertabak. Sie locken in der Natur die Nachtfalter an. Auf dem Balkon verführen sie zum Träumen.

Bei anderen wiederum wie bei Duftpelargonien, Eukalyptus, Indianernessel und Myrte muß man ganz nah herangehen oder sogar die Blättchen zwischen den Fingern verreiben, um den aromatischen Geruch wahrzunehmen. Dafür haben Sie bei Blattduftern wie den Duftpelargonien die Wahl zwischen etwa fünfzig Duftnoten und können sich ein ganzes Duftkabinett einrichten.

Allzusehr aber sollten Sie die Düfte nicht miteinander vermengen. Betrachten Sie Duftpflanzen als Höhepunkte auf Balkon und Terrasse. Stellen Sie einige wenige duftintensive Pflanzen zwischen duftneutrale, aber so, daß auch einmal eine Duftwolke ins Wohnzimmer weht.

BETÖRENDE DÜFTE

Duftende Blüten haben Clematis-Arten, Duftwicken, Glyzine, Goldlack, Heliotrop, Iris-Arten, Kapuzinerkresse, Levkojen, Lilien, einige Nelken, Oleander, einige Rosen. Die Blätter duften bei Duftpelargonien, Eukalyptus, Indianernessel, Myrte und allen Kräutern. Am Abend duften Duftreseda, Engelstrompete, Geißblatt-Arten, Nachtviole, Phlox, Taglilie, Wunderblume, Ziertabak.

Die schönsten Wohlgerüche schnuppern Sie bei Lilien und Löwenmäulchen, Oleander und Ziertabak. Auch Kräuter liefern Dufterlebnisse.

Wassergärten im Kübel

Einen Kübelteich haben Sie in einer halben Stunde angelegt. Danach macht er Freude bis zum Herbst.

Als Gefäß für so einen Kübelteich ist alles geeignet, was Wasser halten kann: Eimer, Wannen und sogar große Vasen, alte Schüsseln, glasierte Keramikgefäße und auch halbierte Holzfässer.

Der Kübelteich braucht viel Sonne, denn im Schatten blühen Wasserpflanzen nur kläglich.

● Beim Kauf der Wasserpflanzen sollten Sie nach solchen fragen, die mit einem niedrigen Wasserstand zufrieden sind: Wasserhyazinthen, niedrige Iris-Arten, Sumpfdotterblumen und Gräser. Selbst von Seerosen gibt es Zwergarten, denen 20 cm Wasserstand völlig ausreichen.

Mehr als drei Pflanzen brauchen Sie für einen Kübelteich nicht. Eine große Schüssel kann schon mit einer Zwergseerose *(Nymphaea tetragona)* zauberhaft aussehen. Oder mit einem Wassersalat *(Pistia stratiotes)*, bei dem sich eine blaugrüne Blattrosette nach der anderen bildet.

● Am besten setzen Sie die Wasserpflanzen in speziellen Ge-

Auch Wannen und Eimer können zum Teich werden. In der Wanne wachsen Wasserhyazinthe und Wassersalat, im Eimer Kleefarn, Blaubinse und Segge.

Zypergras, Pfeilkraut und Goldkeule stehen in einem großen Mörtelkübel mit Wasser, Akelei und Grünlilie daneben in Töpfen mit Erde.

Manche Wasserpflanzen kann man einfach schwimmen lassen – wie Wassersalat und Feenmoos. Im Herbst kommt die Schale ins Haus.

fäßen ein. So können sie jederzeit herausgenommen werden, zum Überwintern im Herbst, oder auch, wenn der Kübelteich gesäubert werden muß. Im Fachhandel gibt es dafür Gittertöpfe in unterschiedlichen Formen und Größen. Sie werden mit Vlies ausgelegt (gleich mitkaufen) und dann mit nährstoffarmem Pflanzsubstrat gefüllt. Das kann man sich selbst aus Lehm, Torf und Sand mischen. Besser aber kaufen Sie fertige Teicherde im Beutel.

Die Pflanzen werden in den leeren Kübel gesetzt. Dabei kann man kleinere mit Hilfe eines umgedrehten Blumentopfes oder mit ein paar untergelegten Steinen auf die richtige Höhe bringen.

Wenn Sie mit Ihrem Arrangement zufrieden sind, wird ganz vorsichtig vom Gefäßrand aus Wasser eingelassen, so daß möglichst keine Erde aus den Töpfen geschwemmt wird.

● Viel Pflege braucht der Wassergarten den Sommer über nicht. Von Zeit zu Zeit müssen Sie welke Pflanzenteile abschneiden und verdunstetes Wasser nachfüllen. Nehmen Sie aber nie eiskaltes Wasser direkt aus der Leitung, sondern lassen Sie es einige Zeit in einer Gießkanne stehen, damit es die Umgebungstemperatur annimmt. Je weicher das Wasser ist, um so besser. Düngen dürfen Sie nur ganz schwach, am besten mit speziellen Düngetabletten für Wasserpflanzen.

Gelangen zuviele Nährstoffe ins Wasser, bilden sich Algen. Die sollten Sie abfischen. Sonst ist der Teich bald so veralgt, daß Sie ihn ausräumen und säubern müssen.

● Wenn sich ein Kübelteich transportieren läßt, kommt er im Herbst mitsamt Pflanzen ins Haus an einen hellen, aber kühlen Platz. Ist er zu schwer, setzen Sie die Pflanzen einzeln in Eimer mit Wasser um. Die Winterzeit für Wasserpflanzen beginnt in der zweiten Septemberhälfte und endet im nächsten Mai.

Landleben auf dem Balkon – das ist eine bunte Blumenfülle von Margeriten, Rosen, Nelken, Ringelblumen und anderen.

Bauerngarten im 6. Stock

Ein Balkon mit ländlichem Charme ist eine Augenweide.

Mögen Sie die üppig überquellenden Blumenbeete, wie man sie in alten Bauerngärten findet? Das liebevoll geordnete Durcheinander, die flirrenden Rosenkugeln und den gemütlichen Sitzplatz? Dann verwandeln Sie Ihren Balkon in einen Bauerngarten en miniature.
Fast alle Blumen, die den ländlichen Charme ausmachen, kann man in Kästen und Kübel setzen. Hauptsache, das Ganze ist am Ende hübsch bunt!
Da die meisten Bauerngartenblumen Sonnenanbeter sind, können Sie – Südlage vorausgesetzt – bedenkenlos kombinieren: gelben Goldlack neben rote Bartnelken und violette Löwenmäulchen setzen, hohe Malven und Sonnenblumen im Kübel neben die Tür stellen, Wicken oder Winden am Geländer ranken lassen.
Aber auch auf einem weniger von der Sonne verwöhnten Balkon kann es ländlich-rustikal zugehen: mit Finger- und Eisenhut, Hortensien, Buchsbaum und Efeu.
Sorgen Sie auch für das passende Drumherum: Pflanzen Sie Blumen nicht nur in normale Blumentöpfe, sondern auch in Körbe oder alte Schmalztiegel. Stecken Sie glitzernde Rosenkugeln ins Gefäß. Winden Sie bunte Bänder um die Stämme der Kübelpflanzen. Und denken Sie an den gemütlichen Sitzplatz, an einen Korbstuhl oder vielleicht eine Bank.

Ein Balkon lädt ein zum Spielen

Sand, Wasser, Blumen und Naschereien braucht ein Kinderbalkon.

Wichtig auf einem Kinderbalkon ist, daß der Nachwuchs eine Möglichkeit zum Spielen bekommt. Räumen Sie deshalb eine Ecke frei, wo Sie zum Beispiel zwei Mörtelkübel aus dem Baumarkt aufstellen: Der eine wird zur Sandkiste, der andere zum Planschbecken. Abends, wenn die Eltern zu Balkon-Besitzern werden, kann man sie mit einer Platte zudecken und in einen Tisch verwandeln.

Natürlich macht es Kindern auch Spaß, wenn unter ihren Händen etwas wächst, blüht und gedeiht. Schenken Sie ihnen deshalb einen Pflanzkasten zum Experimentieren. Das kann ein ganz normaler Balkonkasten sein oder auch eine große Obstkiste, die mit gelochter Folie ausgelegt wird.

Wenn Sie Kindern Samen kaufen, dann von solchen Pflanzen, die möglichst schnell wachsen: zum Beispiel Kapuzinerkresse oder Knöterich. Auch Zierkürbisse machen kleinen Gärtnern Spaß. Besser aber steigen Sie gleich etwas größer ein: mit vorgezogenen Pflanzen, die es im Mai überall zu kaufen gibt.

Alle Blumen sollten zur robusten Kategorie gehören, denen es nichts ausmacht, wenn eine kleine Hand mal etwas fester zupft, wenn die Gießkanne ausrutscht oder sie mal einige Tage ganz vergessen werden.

Ringelblumen zum Beispiel, Tagetes, auch die hochwachsenden Sonnenblumen können alle mal einen Puff vertragen. Komplett wird das Kinderbeetsortiment durch etwas Eßbares: etwa Radieschen und Kresse im Balkonkasten, Erdbeeren im großen Topf oder sogar eine Tomate im Kübel. Eines aber gehört nicht auf einen Kinder-Balkon: giftige Pflanzen wie Buchsbaum, Efeu, Oleander, Akelei, Seidelbast, Geißblatt.

Ein Kinderteich hat in einem Balkonkasten Platz: mit Kalmus, Sumpfvergißmeinnicht, Pfeilkraut, Ente und Seerose aus Plastik.

Sandkiste und Planschbecken neben
kinderleichtem Grün: Zypergras, Kapuzinerkresse,
Grünlilie und Fleißigen Lieschen.

Hängende Gärten

Wenn die Balkonkästen überquellen und auf dem Boden kaum noch Platz vorhanden ist, dann können Sie mit Ihrem Balkongarten auch noch in die Luft gehen.

Blumenampeln sind eine wunderschöne Erfindung, die selbst auf dem kleinsten Balkon bunte Sommerträume wahr werden lassen.
Ampelpflanzen gab es schon immer in Hülle und Fülle: Hängeformen von Geranien und Fuchsien, die altbekannten Gebirgshängenelken, die zierlichen Lobelien und die unermüdlich blühenden Hängeverbenen.
In den letzten Jahren aber ist die Auswahl noch viel größer geworden. Das begann mit dem Blauen Gänseblümchen *(Brachycome)* und der Blauen Mauritius *(Convolvulus)*, ging weiter mit Kaskadenblume *(Centradenia)*, der Fächerblume *(Scaevola)* und der Goldmünze *(Asteriscus)* bis hin zur neuen Hängepetunie 'Surfinia', der Goldmarie *(Bidens)*, der Goldenen Lobelie *(Monopsis)*

Neu auf dem Markt sind Hängekörbe nach englischer Art: Drahtampeln, die von oben, aber auch ringsum bepflanzt sind.

und der Schneeflockenblume *(Sutera)*.

Blumenampeln müssen auf ihren luftigen Platz abgestimmt sein. Sie brauchen eine stabile Aufhängevorrichtung, da vor allem nasse Erde ein beträchtliches Gewicht hat. Nehmen Sie die kräftigsten Ketten, Haken und Dübel, die Sie bekommen können. Damit die Ampeln nach dem Gießen nicht zu tropfenden Ärgernissen werden, kann man Gefäße mit angearbeitetem Untersatz kaufen oder unten ins Gefäß einen Untersatz legen. Bepflanzt werden diese wie ein normaler Blumentopf.

Was die Pflege angeht, so ist diese bei Ampelpflanzen etwas aufwendiger als bei Kästen am Balkongeländer. Denn Gefäße, die frei in der Luft hängen, trocknen in Sonne und Wind sehr schnell aus, müssen also häufiger gegossen werden.

Wer dabei gefährliche Kletterpartien vermeiden will, kann im Fachhandel einen sogenannten Pflanzenlift kaufen, der die Gefäße wie ein Flaschenzug nach unten holt, oder spezielle Gießkannen mit extralanger, gebogener Tülle benutzen. Bei großer Hitze sollten Sie die Pflanzen auf jeden Fall häufig besprühen.

Gerade bei überdachten Balkonen bekommen Ampelpflanzen oft nur von einer Seite Licht. Als Folge wachsen die meisten und längsten Triebe an der Lichtseite, die Ampel wird einseitig schwerer und kann sogar kippen. In solchen Fällen sollten Sie die Ampel von Zeit zu Zeit ein wenig drehen.

Gut zusammen passen die blaue Fächerblume und die silbergraue Strohblume. Beide lieben Sonne.

Kletterer auf Eroberungszug

Sie machen den Balkon zur lauschigen Laube, schützen vor Wind und Blicken.

Das Kletterpflanzen-Sortiment ist groß. Denn fast alle, die im Garten wachsen, lassen sich auch im Kübel ziehen. Sie haben die Wahl zwischen ein- und mehrjährigen Pflanzen. Einjährige kann man im Frühjahr selbst aussäen, viele auch im Mai vorgezogen kaufen. Sie wachsen und blühen im Sommer, sterben im Herbst ab. Mehrjährige können auch im Gefäß viele Jahre alt werden – wenn der Kübel groß genug ist (mindestens 20 Liter Inhalt) und wenn sie im Winter frostfest verpackt werden.

Die meisten kurzlebigen Kletterer brauchen einen Sonnenplatz. Nur Feuerbohne und Japanhopfen sind genügsamer, wachsen auch im Halbschatten. Bei den langlebigen haben Sie eine größere Auswahl an lichtgenügsamen Pflanzen. Efeu, Pfeifenwinde, einige Clematis-Sorten, Geißblatt, Kletterhortensie, Knöterich und Wilder Wein gehören dazu.

Fast alle brauchen etwas zum Festhalten. Ein leichtes Lattengerüst oder ein Stück Maschendraht, das mit Abstandhaltern auf die Wand genagelt wird.

Efeu braucht etwas Zeit, ehe er in Gang kommt. Dann aber wächst er auch im Schatten und hält sich selbst fest.

Knöterich ist der Schnellste: Schon im ersten Jahr schafft er mehrere Meter. Im Hochsommer trägt er weiße Blüten.

Besonders dicht wird die grüne Wand,
wenn sich zwei Kletterer zusammentun,
wie hier Efeu und Clematis.

Romantische Rosen im Zwergformat

Sie sind winzig, aber perfekt in Blatt und Blüte: Rosen für Kästen und Kübel.

Schon vor einigen Jahren haben die Rosenzüchter den Balkon entdeckt: Immer mehr schwachwachsende Sorten kommen auf den Markt, allesamt für Kübel und Kästen empfohlen. Bei den Farben haben Sie die Qual der Wahl: Von Weiß über Rosa, Rot, Pink, Gelb und sogar Orange sind sämtliche Nuancen vertreten. Ein intensiver Duft dagegen ist bei den Topfrosen eher selten.
Für schmale Balkonkästen und kleine Töpfe sollten Sie stecklingsvermehrte Zwergrosen kaufen, die nicht so tiefreichende Wurzeln wie veredelte Gartenrosen haben. Besonders hübsch sehen auch kleine Strauchrosen aus wie die weiße 'Swany' oder die rosa 'Fairy'. Wer Platz für große, vor allem hohe Kübel hat, kann auch unter den normalen Strauch- und sogar Kletterrosen wählen. Einen ganz besonderen Charme haben Rosenbäumchen. Ihre Kronen werden im Laufe der Jahre immer schöner, wachsen je nach Sorte buschig,

Das Angebot an Zwergrosen ist groß.
Es gibt buschigwachsende Sorten, Bodendecker und
zierliche Rosenbäumchen in vielen Farben.

rund oder in Kaskaden herabhängend. Und sogar für Liebhaber der zauberhaften historischen Rosen gibt es einige Sorten im Kübel zu kaufen.
Die beste Zeit, einen Rosenbalkon zu bepflanzen, ist im Frühjahr, im März/April. Rosen für Gefäße sollten Sie möglichst direkt beim Gärtner oder in einer Rosenschule kaufen.
Topfrosen sollten immer nur in schwach organisch gedüngte Erde gesetzt werden. Schneiden Sie die Wurzelspitzen kurz an. Und achten Sie darauf, daß die Veredelungsstelle etwa 3 cm tief in der Erde sitzt. Auch im Kübel werden Rosen nach dem Einpflanzen angehäufelt – so lange, bis die Pflanze neu austreibt. Gießen müssen Sie den ganzen Sommer über so, daß die Erde stets leicht feucht ist. Gedüngt wird von Mai bis August alle zehn Tage mit Flüssigdünger. Ganz wichtig: Welke Blüten sofort abschneiden.
Wie Rosen im Garten brauchen auch jene im Kübel viel Sonne.
Ideal ist ein Südbalkon oder einer nach Südosten oder Südwesten. Nicht geeignet ist ein windumwehter Balkon, etwa oben in einem Hochhaus.
Allerdings dürfen die Gefäße nicht zu dicht zusammenstehen: Wenn die Luft nicht zirkulieren kann, droht Mehltaubefall. Im Herbst kommen kleine Gefäße in einen kühlen Raum. Rosen in großen Kübeln überwintern angehäufelt, mit abgedeckten Zweigen und mit gut verpackten Töpfen im Freien. Beim Einräumen werden nur störende Triebe entfernt. Der vollständige Rückschnitt erfolgt erst im nächsten Frühjahr.

Strahlend weiß sind die winzigen, gefüllten Blüten von 'Schneeküßchen'. Knapp 30 cm groß wird diese Miniaturrose.

Mit einer Bodendeckerrose wie der tiefroten 'Mainaufeuer' können Sie leicht eine ganze Balkonecke füllen.

Die winzigen Bäume sind Bodendecker-rosen, die auf ein Stämmchen veredelt wurden. Sie haben eine hübsche, hängende Krone.

Hängende Geranien gibt es in vielen Farben, mit einfachen und gefüllten Blüten. Im Laufe des Sommers bilden sie dichte Blütenteppiche.

Geranien – millionenfach geliebt

Sie blühen bis weit in den Herbst und sind dabei problemlos.

Geranien (oder Pelargonien, wie sie botanisch korrekt heißen), stehen auf der Beliebtheitsskala der Balkongärtner schon seit Jahrzehnten ganz oben. Millionen Pflanzen werden in jedem Frühsommer verkauft. Was zur Folge hat, daß in jedem Frühjahr Dutzende von neuen Sorten auf den Markt kommen.

Zwar werden immer noch sehr viele Pflanzen mit leuchtendroten Blüten verkauft. Der Trend aber geht zu den pink-lila-rosa Blüten und zu dunklen Blättern. Sowie zu den einfachblühenden Sorten, denn diese sind wetterfester als gefüllte und putzen sich zudem selbst.

Bei der Wuchsform gibt es in unserem Land ein Nord-Süd-Gefälle: Norddeutsche Balkonbesitzer bevorzugen aufrechtwachsende *(Pelargonium-Zonale-Hybriden)*, süddeutsche Pflanzenfreunde hängende Geranien *(Pelargonium-Peltatum-Hybriden)*.

Etwas Besonderes sind Duftpelargonien. Sie blühen zwar nicht so reichlich, dafür aber sind sie ein Fest für die Nase. Ihre Blätter riechen nach Minze, Rose, Apfel, Gewürzen und vielem mehr. Sie wachsen buschig, sind also am besten in großen Töpfen aufgehoben.

Geranien sind relativ problemlos zu pflegen und lassen sich im Hochsommer leicht vermehren.

Der neue Star auf dem Balkon

Erst seit wenigen Jahren ist die Petunie 'Surfinia' auf dem Markt.

Absoluter Renner unter den Balkonblumen-Neuheiten der letzten Jahre ist die aus Japan stammende Hängepetunie 'Surfinia'. Sie bekommt meterlange Triebe, die über und über mit Blüten besetzt sind. Inzwischen gibt es bereits ein Dutzend Sorten, in vielen Rosa- und Rottönen, in Weiß und Violett, immer mit farblich abgesetztem Schlund.

Ideal ist 'Surfinia' als Ampelpflanze. Aber auch im Balkonkasten kann sie sich sehen lassen, wenn sie wie ein blühender Wasserfall über das Geländer fällt.

Zwar ist die Hängepetunie wetterfester als ihre bekannten Verwandten. Allzu sehr sollte sie aber Regen und Wind nicht ausgesetzt werden. Wichtig sind viel Sonne, viel Dünger und viel Wasser.

Neu: die leuchtende Sorte 'Hot Pink'. Im Laufe des Sommers wechselt sie oft die Farbe.

Wie ein blühender Wasserfall sieht die 'Surfinia' in einer Ampel aus. Was sie braucht: reichlich Dünger.

Besonders hübsche Farben besitzen die Blüten der Sorte 'Blue Vein': fast weiß mit tiefblauem Schlund und feinen, farbigen Adern.

Vom Einkauf bis zur Vermehrung: Alles über Balkonblumen

Je schöner und gesünder Ihre Balkonblumen sind, um so mehr Freude machen sie.

Auch als Balkongärtner brauchen Sie eine kleine Grundausstattung an Geräten: eine Schaufel, eine Hacke, eine scharfe Gartenschere, eine Gießkanne, Wasserzerstäuber, Bindedraht oder Bast. Und natürlich Balkonkästen: Sie sind in den unterschiedlichsten Ausführungen auf dem Markt.

- Kunststoffkästen sind preiswert, leicht, fast unzerbrechlich. Es gibt sie auch mit eingebautem Wasserreservoir.
- Holzkästen sind schön, aber nicht sehr wetterfest, müssen in jedem Jahr neu imprägniert werden (nur mit pflanzenverträglichen Mitteln).
- Terrakottagefäße sehen schön aus, sind allerdings teuer und schwer, stehen am besten auf dem Boden. Außerdem zerbrechen sie bei Frost leicht.

Zur Pflanzzeit im Mai ist das Angebot
an Balkonblumen riesig. Achten Sie darauf, daß
die Pflanzen kräftig und gesund aussehen.

- Faserzementkästen sind ebenfalls schwer, dafür aber auch sehr standfest und nicht durch Frost gefährdet.
- Wichtig ist die Größe des Kastens: mindestens 15 cm breit und 20 bis 25 cm hoch sollte er sein.
- Jedes Pflanzgefäß braucht Bodenlöcher als Wasserabzug und zum Belüften.

NACH DEN EISHEILIGEN WIRD GEPFLANZT

Balkonblumen sollte man eigentlich immer erst Mitte Mai pflanzen, wenn keine Nachtfröste mehr drohen.

- Wer früher pflanzt, sollte Luftpolsterfolie bereithalten, um die Pflanzen bei Frost abzudecken.
- Prüfen Sie die Lichtverhältnisse Ihres Balkons, bevor Sie sich an den Einkauf machen.

Balkonblumen haben unterschiedliche Wünsche ans Licht. In den Pflanzenporträts finden Sie genaue Angaben dazu.

- Für Balkonblumen die richtige Erde zu bekommen, ist kein Problem. Viele Pflanzen sind mit Einheitserde zufrieden.

Wer allerdings Jahr für Jahr dieselbe Erde benutzt, darf sich nicht wundern, wenn die Pflanzen kümmern. Auch langlebige Balkonblumen müssen in jedem Frühjahr in frische Erde gesetzt werden, weil die alte ausgelaugt ist.

- Beim Einkauf sollten Sie nur solche Pflanzen nehmen, die kräftig und gesund aussehen, in ihrem Topf fest verwurzelt sind, kein Ungeziefer haben und viele Knospen tragen.

Wenn Sie alles zusammen haben, geht es ans Einpflanzen.

- Zuerst die Bodenlöcher mit Tonscherben abdecken, darauf kommt eine Drainageschicht aus Kies oder Blähton. Darüber die Blumenerde füllen, bis etwa 3 cm unter den Kastenrand. Wer es ganz perfekt machen will, legt zwischen Drainageschicht und Erde ein Vlies, damit die Erde nicht die Hohlräume verstopft.
- Achten Sie beim Einpflanzen darauf, daß die Wurzeln weder gequetscht noch abgerissen werden.
- Setzen Sie die Sommerblüher nicht zu dicht; sie wachsen noch und breiten sich aus. Für einen

Anfang Oktober ist die Zeit der meisten Balkonblumen vorbei. Einige kommen zum Überwintern in den kühlen Keller, andere in die Wohnung.

etwa 80 cm langen Kasten rechnet man sechs bis sieben Pflanzen. Nach dem Einpflanzen wird gründlich gegossen.

GUT GEPFLEGT DURCH DEN SOMMER

Damit Sie den ganzen Sommer über und auch noch weit in den Herbst hinein Freude an Ihren Balkonblumen haben, kommt es auf gute Pflege an.

- Das Wichtigste für die Pflanzen ist tägliches Gießen. Wenn der Sommer schön warm und sonnig ist, müssen Sie bei vielen Blumen sogar zweimal am Tag zur Gießkanne greifen, am besten am frühen Morgen und am späten Abend. An regnerischen Tagen brauchen die Blumen weniger Wasser.
- Begießen Sie aber nicht die Blüten, sondern – mit einer feinen, langen Tülle – die Erde. Sollte diese einmal völlig ausgetrocknet sein, nutzt Überschwemmen wenig. Besser kann sie das Wasser aufnehmen, wenn es mehrmals hintereinander in kleinen Portionen verabreicht wird.
- Damit die Balkonblumen üppig wachsen und bis zum Herbst viele Knospen und Blüten bilden, brauchen sie Nährstoffe. Den meisten Pflanzen reicht es, wenn Sie alle zehn Tage Flüssigdünger ins Gießwasser geben. Geranien aber und auch die neuen Surfinia-Petunien sind besonders hungrig: Sie werden wöchentlich gedüngt.
- An einem trüben Tag können Sie jederzeit düngen. An einem sonnigen Tag sollten Sie diese Arbeit auf den Abend verlegen. Am Morgen oder Mittag gegeben verdunstet das Wasser sehr rasch. Die Düngesalze sind dann zu stark konzentriert; es kann zu Schäden an den Wurzeln kommen. Auch hier gilt: Düngen Sie die Erde und nicht die Blätter.

Mehrjährige Pflanzen, die Sie überwintern wollen, dürfen Sie nur bis Ende August mit Dünger versorgen, danach sollten sie ausreifen.

- Wer seine Balkonblumen öfter allein lassen muß, macht sie am besten zu Selbstversorgern. Dazu gibt es Kästen und Kübel mit eingebautem Wasserspeicher, außerdem wasserspeichernde Granulate, die der Hydrokultur ähneln.

Haben Sie beim Einpflanzen der Blumen nicht an die Urlaubsversorgung gedacht, können Sie jederzeit Bewässerungssysteme im Fachhandel kaufen, die an einen Hahn oder Wassertank angeschlossen werden.

- Schließlich sollten Sie den ganzen Sommer über Verblühtes und Verwelktes abschneiden oder abzupfen. Dann ist die Gefahr von Erkrankungen geringer. Und es bilden sich viele neue Knospen.

Ist zwischen den Blumen im Kasten noch freie Erde zu sehen, sollten Sie diese von Zeit zu Zeit mit einer kleinen Hacke auflockern und Unkraut zupfen. Schließlich müssen Sie auf Schädlinge und Krankheiten achten, die selbst bei bester Pflege auftreten können. Je eher man sie entdeckt, desto ein-

SCHÄDLINGE UND KRANKHEITEN

Blattläuse *verschonen keine Pflanze. Sie können aber trotzdem vorbeugen: keine stickstoffbetonten Dünger nehmen, die das Gewebe schwammig und anfällig machen. Im Anfangsstadium kann man Läuse mit Fingern oder Stäbchen abstreifen. Oder beim Spaziergang die läusekillenden Marienkäfer sammeln und auf dem Balkon aussetzen. Im Fachhandel gibt es auch spezielle, umweltfreundliche Spritzmittel.*

Weiße Fliegen *tauchen besonders häufig bei Pelargonien auf. Was hilft, außer Sprühmitteln, sind bei trockenem Wetter Gelbtafeln, die in die Erde gesteckt werden und wie Fliegenfänger funktionieren.*

Spinnmilben *sind Schönwetterschädlinge. Begünstigt werden sie außerdem durch zu reichliches Düngen. Sie sind schwer zu bekämpfen und können Pflanzen in kurzer Zeit völlig ruinieren. Kurzlebige Balkonblumen sollten Sie deshalb bei einem Befall wegwerfen, ehe die Milben auf andere Pflanzen übergreifen.*

Schnecken *werden oft vom Balkonbesitzer selbst mit Kompost eingeschleppt. Die Bekämpfung ist einfach: Nach Einbruch der Dunkelheit, wenn die Schnecken aus ihren Verstecken kommen, absammeln.*

Neben den Schädlingen haben Balkongärtner aber auch mit verschiedenen Pflanzenkrankheiten zu kämpfen.

Mehltau, *der vor allem bei feuchter Witterung auftritt, bevorzugt Begonien, Fuchsien, Goldlack. Vorbeugend sollten Sie Pflanzen nicht zu eng setzen. Und dafür sorgen, daß beim abendlichen Gießen die Blätter nicht naß werden.*

Grauschimmel *gedeiht unter ähnlichen Bedingungen wie Mehltau. Schneiden Sie in schweren Fällen kranke Teile ab, spritzen Sie den Rest der Pflanze mit einem Pilzbekämpfungsmittel, und verwenden Sie in der nächsten Zeit kalibetonten Dünger.*

Rostpilze *kennt man vor allem bei Geranien. Sobald sich die ersten Rostpusteln zeigen, kranke Blätter abpflücken und in die Mülltonne werfen. Anschließend müssen Sie alle vier Tage mit einem Spezialmittel spritzen.*

WAS WÄCHST WO?

Sonnenbalkone

Hier wachsen und gedeihen Becherblume, Blaue Mauritius, Blaues Gänseblümchen, Duftwicke, Geranie, Godetie, Goldmünze, Husarenknöpfchen, Kapaster, Kapkörbchen, Kapuzinerkresse, Mittagsblume, Mittagsgold, Nelke, Petunie, Portulakröschen, Salbei, Schwarzäugige Susanne, Skabiose, Sommeraster, Sonnenblume, Topfrose, Wandelröschen, Verbene, Zinnie.

Halbschattige Balkone

Hier wachsen und gedeihen Anemone, Begonie, Elfenspiegel, Fächerblume, Gauklerblume, Glockenblume, Goldlack, Harfenstrauch, Kaskadenblume, Leberbalsam, Lobelie, Margerite, Pantoffelblume, Ranunkel, Reseda, Ringelblume, Steinkraut, Studentenblume, Taglilie, Ziertabak.

Schattige Balkone

Hier wachsen und gedeihen Akelei, Buchsbaum, Efeu, Fleißiges Lieschen, Fuchsie, Geißblatt, Gemswurz, Hortensie, Knollenbegonie, Primel, Tränendes Herz.

facher lassen sie sich bekämpfen. Was Sie wogegen tun können, lesen Sie im Kasten auf Seite 139.

VORBEREITUNGEN ZUM WINTERSCHLAF

Einjährige Sommerblumen haben ihr Leben oft schon Ende September ausgehaucht. Von manchen können Sie noch Samen ernten für die eigene Anzucht im nächsten Jahr. Die Reste kommen zusammen mit der verbrauchten Blumenerde auf den Kompost – aber nur, wenn sie schädlingsfrei sind.

- Für Balkonbesitzer gibt es spezielle Vorrichtungen (Tonnen, Wurmkisten), um einen Kompost auch auf dem Balkon anzusetzen.

Wer wenig Platz im Haus hat, trennt sich am besten auch von mehrjährigen Blumen wie Heliotrop und Fleißigen Lieschen. Sie verlieren im Folgejahr ohnehin viel von ihrer Schönheit.

- Geranien, Fuchsien, Wandelröschen und andere langlebige Balkonblumen werden eingeräumt, wenn die letzten Blüten verwelkt sind. Meist ist das Mitte Oktober der Fall. Das Überwintern lohnt aber nur für gesunde und kräftige Pflanzen.
- Die Erde darf beim Einräumen aber nicht zu naß sein. Welke Blätter und Blüten werden abgeknipst, lange und störende Triebe weit zurückgeschnitten.
- Der Winterplatz sollte nicht zu dunkel, aber kühl sein, mit Temperaturen zwischen 5 und 8 °C.

Wer genug Platz hat, räumt die Blumen im Kasten ein. Platzsparender und bei gemischten Bepflanzungen auch eher zu empfehlen ist „Einzelverwahrung": Setzen Sie die Pflanzen einzeln in quadratische Plastiktöpfe. Oder stecken Sie jeden Erdballen in eine Plastiktüte.

- Zwiebeln und Knollen von Dahlien, Begonien und anderen Blumen sollten zuerst einige Tage an einem luftigen, trockenen Ort lagern. Dahlienknollen stehen dort am besten auf dem Kopf, damit Wasser aus den hohlen Stielen läuft. Nach dem Abtrocknen werden Erdreste abgewischt. Dann kommen sie in einen kühlen Keller in eine Kiste mit leicht feuchtem Torf – so weit auseinander, daß sie sich nicht berühren. Wichtig: Der Torf darf auf keinen Fall richtig naß sein.
- Kontrollieren Sie alle zwei Wochen, ob Zwiebeln und Knollen faulen oder von Schädlingen befallen sind. Kleine Faulstellen kann man abschneiden, die Schnittstellen mit Holzkohlepulver bepudern. Bei stärkerem Befall müssen die Zwiebeln oder Knollen aussortiert und weggeworfen werden.

Praktisch für die eigene Anzucht ist ein Frühbeetkasten auf dem Balkon.

EIGENE ANZUCHT – EIN PREISWERTES VERGNÜGEN

Einen Balkon in jedem Jahr neu zu bepflanzen, geht ins Geld. Preiswerter ist die eigene Anzucht. Samen gibt es heute auch schon von selteneren Blumen zu kaufen.

- Die Aussaattermine sind unterschiedlich. Schon Ende Januar gesät werden Geranien, Pantoffelblumen und Petunien. Dann folgen im März/April die meisten anderen Balkonblumen. Aber auch Anfang Mai können Sie noch säen: Sommerastern, Zierkürbis, Feuerbohnen, Sonnenblumen.

Alles was bis März ausgesät wird, wächst zuerst im warmen Zimmer heran. Von den späteren Blumen können eine ganze Reihe gleich draußen in Kästen und Kübel gesät werden.

- Wichtig: eine spezielle Aussaaterde, hohe Luftfeuchtigkeit und das ständige Feuchthalten der Erde.
- Sind die Sämlinge zwei, drei Zentimeter groß, werden sie einzeln in größere Töpfchen umgesetzt. Mitte Mai dann wandern sie an ihren endgültigen Platz im Balkonkasten.
- Wer den vorhandenen Pflanzenbestand vergrößern will, kann im August von Geranien, Fuchsien, Margeriten, Verbenen und vielen anderen Balkonblumen Stecklinge schneiden.

Als Steckling schneidet man eine etwa 10 cm lange Triebspitze mit drei bis vier Blättern dicht unterhalb eines Blattansatzes ab. Eventuelle Blütenknospen werden abgekniffen, ebenso Blätter, die in die Erde ragen würden.

- Zum Bewurzeln kommen die Stecklinge in Töpfe mit Vermehrungserde. Eine übergestülpte Plastiktüte sorgt für hohe Luftfeuchtigkeit. An einem halbschattigen Fenster bewurzeln sich die meisten innerhalb von zwei Wochen. Dann wird zuerst die Plastiktüte abgenommen. Einige Zeit später kommen die jungen Pflanzen in Töpfe mit normaler Blumenerde. Bis zum Auspflanzen im nächsten Mai muß der Pflanzennachwuchs kühl stehen und regelmäßig gegossen werden.

ARBEITSKALENDER

Im Januar: *Pflanzen, die auf dem Balkon überwintern, an frostfreien Tagen gießen. Winterräume im Keller gelegentlich lüften. Pflanzen auf Schädlinge kontrollieren. Neue Kataloge jetzt bestellen.*

Im Februar: *Mitte des Monats die Kellerkinder wieder heller und wärmer stellen, kräftig zurückschneiden, regelmäßig gießen. Austreibende Frühlingsblumenzwiebeln auf dem Balkon mit Zweigen abdecken.*

Im März: *Die ersten Frühlingsblumen können gepflanzt werden, empfindliche Treibhauspflanzen müssen Sie aber vor Frost schützen. Im Zimmer werden die ersten Sommerblumen ausgesät und Knollenbegonien angetrieben.*

Im April: *Ende des Monats werden die langlebigen Frühjahrsblüher im Kasten gedüngt. Die ersten Sommerblumen können direkt in Gefäße gesät werden. Bei Gelegenheit alte Kästen säubern.*

Im Mai: *Mitte des Monats dürfen alle Balkonblumen, auch die empfindlichsten, gepflanzt werden. April-Sämlinge werden ausgedünnt oder umgesetzt.*

Im Juni: *Den ganzen Sommer über – das gilt für die Monate Juni, Juli, August – müssen Sie regelmäßig gießen, düngen, Welkes abzupfen, gelegentlich die Erde lockern und auf Schädlinge achten.*

Geranien kann man in einer Plastiktüte bei 5 bis 8°C überwintern.

Im Juli: *Arbeiten wie im Juni. Manche Blumen werden nach der ersten Blüte zurückgeschnitten, damit sie ein zweites Mal blühen (siehe Porträts).*

Im August: *Arbeiten wie im Juni. Ende des Monats können Sie von vielen langlebigen Blumen Stecklinge schneiden.*

Im September: *Die mehrjährigen Pflanzen werden nun nicht mehr gedüngt. Einjährige, die nicht mehr schön sind, kann man Mitte des Monats gegen Herbstblumen auswechseln.*

Im Oktober: *Mehrjährige Pflanzen müssen eingeräumt werden, die meisten in einen hellen, kühlen Raum.*

Im November: *Pflanzen, die draußen überwintern, werden frostfest eingepackt.*

Im Dezember: *Sie müssen nur gelegentlich an die Überwinterer denken: von Zeit zu Zeit gießen, Pflanzen auf Krankheiten kontrollieren, Überwinterungsräume an frostfreien Tagen lüften.*

Schöne Kübelpflanzen schaffen Atmosphäre

Mit Kübelpflanzen kann man der Terrasse oder dem Balkon ein besonderes Flair geben. Ebenso attraktiv wirken ein oder zwei Kübel, die man zur Begrüßung neben den Eingang plaziert. Ebenmäßig gewachsene Exemplare machen sich auch gut als Solisten. Das Angebot an Blüten- und Blattschönheiten wird jährlich größer.

Exotische Nutzpflanzen wie
Eßkastanie, Eukalyptus, Pfefferstrauch, Pistazie
und Olive fühlen sich im Kübel wohl.

Mobiles Grün: Spiel mit vielen Ideen

Ein Garten im Topf ist ideal für Leute, die ein wenig Abwechslung auf dem Balkon und der Terrasse lieben.

Mit üppig blühenden oder herrlich grünen Kübelpflanzen lassen sich idyllische Sitzplätze, einladende Eingänge und lauschige Winkel gestalten – immer wieder neu und immer wieder anders.

Auf einer größeren Terrasse kann man sich einen ganzen Kübelgarten anlegen, in Südlagen mit Mittelmeerbewohnern wie Palmen, Zitrusbäumchen, Oleander und Bougainvillea, in schattigeren Ecken mit Hortensien und Buchsbaum. Arrangieren Sie dabei immer Gruppen von drei oder vier Pflanzen mit möglichst unterschiedlicher Höhe.

Dekorieren Sie ruhig auch Pflanzen als Stilleben, gruppieren Sie Tonkugeln und Figuren, ausgefallene Steine oder Muscheln rings

Einen schattigen Sitzplatz kann man mit Fuchsien schmücken. Sie gibt es buschigwachsend, als Ampelpflanze und Bäumchen.

um die Töpfe. Große, ebenmäßig gewachsene und prächtig blühende Kübelpflanzen wie Schmucklilie oder Engelstrompete verdienen einen Soloplatz, an dem sie von allen Seiten bewundert werden können. Hierfür eignet sich gut eine Insel mitten im Rasen.

Ein Hauseingang wird einladender, wenn zwei Kugelbäumchen links und rechts als Türsteher fungieren. Das können Buchsbaum oder Lorbeer, aber auch blühende Margeritenbäumchen sein. Eine gepflasterte Garagenauffahrt, nach Norden gelegen, wird mit einer Parade verschiedener Fuchsiensorten zum Schmuckstück des Vorgartens.

Besonders schön lassen sich breite Stufen zum Präsentieren von Kübelpflanzen nutzen. Edel wirkt das Ganze, wenn man die Blütenfarben Ton in Ton wählt. Farbenfroh und unkompliziert ist eine bunte Mischung.

Duftende Kübelpflanzen wie Vanilleblume, Engelstrompete oder Oleander stehen am besten in Sitzplatznähe, damit man ihren Duft in den sommerlichen Abendstunden auch genießen kann. Kletternde Kübelpflanzen wie Bougainvilleen, Solanum-Arten oder der Chilenische Jasmin eignen sich zum Anlehnen an eine Pergola oder, mit einem Klettergerüst im Kübel, als Sichtschutz.

Viel zu selten wird bei Kübelpflanzen an die Sukkulenten gedacht. Sie sind ideal für sehr sonnige Terrassen. Denn durch wasserspeichernde Gewebe in Stamm, Trieben oder Blättern haben sie sich an Trockenheit angepaßt. Man wäs-

Einladend flankieren die Lorbeerbäume die Eingangstreppe. Einmal im Jahr müssen sie an den Spitzen in Form geschnitten werden.

Immergrüne Buchsbäume liegen zur Zeit im Trend. Sie können sich auch im Winter sehen lassen.

In einem großen Kübel kann man auch Rhododendren zu prächtigen Hochstämmen ziehen.

sert sie nur in langen Trockenperioden. Auch Dünger wird nur sparsam gegeben.
Typische Sukkulenten sind neben den Kakteen die Dickblatt-, Agaven-, Mittagsblumen- und Wolfsmilchgewächse. Auch wenn die Vertreter dieser Pflanzenfamilien sich meist nicht durch farbenprächtige Blütenfülle auszeichnen, kann man doch aus einer umfangreichen Formenvielfalt und zwischen vielen Blattfärbungen wählen. So lassen sich schöne Gruppen zusammenstellen.
Als Kübel benutzen können Sie alles, was Ihnen gefällt: für Pflanzen Gedachtes genauso wie Zweckentfremdetes. Edel sind italienische Terrakottatöpfe, elegant weißlackierte Holzkübel, rustikal große Körbe (vorher mit Folie auslegen), liebenswerte alte Kruken und Wannen vom Flohmarkt. Soll der Kübelgarten öfter den Platz wechseln, bringen Sie Rollen an den Kübeln an oder stellen sie auf Rollbretter.

LICHTGENÜGSAME KÜBELPFLANZEN

Viele Kübelpflanzen brauchen Sonne. Die folgenden Arten kommen auch mit einem halbschattigen oder schattigen Platz aus: Bleiwurz (Plumbago), Buchsbaum (Buxus), Engelstrompete (Datura), Fuchsie (Fuchsia), Hammerstrauch (Cestrum), Hortensie (Hydrangea), Korallenstrauch (Erythrina crista-galli), Tibouchina (Tibouchina).

Wenig Arbeit machen genügsame Sukkulenten
wie Agaven und Bleistiftbaum, Dickblattgewächse und
Mittagsblumen. Sie brauchen viel Sonne.

Wenn die Tage wärmer werden, im April, kommen die Kübelpflanzen aus dem Winterquartier an einen hellen Platz.

Wichtige Tips für die Pflege von Kübelpflanzen

Kübelpflanzen sind im Sommer nicht schwieriger zu pflegen als Balkonblumen. Im Winter aber haben viele von ihnen Sonderwünsche.

Je nach Art verlangen die Kübelpflanzen einen mehr oder weniger intensiv von der Sonne beschienenen Platz. Zu den sonnenhungrigen und besonders wärmebedürftigen Pflanzen gehören Bougainvillea, Granatapfelbaum, Hibiskus, Oleander und Wandelröschen. Die übrigen Kübelpflanzen mögen einen halbschattigen Standort in Südost- oder Westlage. Ganz ohne Sonne kommen Fuchsien aus.

- Stehen die Töpfe auf glattem, wasserundurchlässigem Untergrund, sollte man unter die Töpfe besser zwei kleine Hölzchen oder spezielle Kübelfüße aus Terrakotta legen, damit überschüssiges Gießwasser oder Regen gut ablaufen kann. Deshalb ist es auch ratsam, die Pflanzen vor Dauerregen geschützt aufzustellen, zum Beispiel an einem überdachten Eingang oder unter dem Dachüberstand.
- Empfindlich sind viele Pflanzen auch gegen zuviel Wind. Leicht können Triebe abknicken oder die Kübel umfallen. Achten Sie bei der Standortwahl darauf und sichern Sie hohe, windanfällige Pflanzen eventuell zusätzlich durch Anbinden ab.

DIE SOMMERPFLEGE

Wieviel Wasser die einzelnen Kübelpflanzen benötigen, hängt stark von der Temperatur und der Sonneneinstrahlung am Standort ab, außerdem von der Beschaffenheit der Blätter.

- Viel Wasser brauchen Pflanzen mit großen, weichen Blättern wie Schönmalve oder Engelstrompete oder mit besonders vielen kleinen, dünnen Blättchen wie Bleiwurz oder Bambus. An einem sonnigen Standort kann es im Sommer nötig sein, die Pflanzen mehrmals täglich zu wässern.

- Mit deutlich weniger Wasser kommen Pflanzen aus, die dicke, ledrige Blätter haben wie das Wandelröschen oder der Korallenstrauch.
- Dem Gießwasser sollten während der Wachstumszeit von Anfang April bis Ende August regelmäßig Nährstoffe zugesetzt werden. Zu Beginn empfehlen sich einige Gaben Volldünger, dann sollte nur noch mit speziellen Düngern für Blühpflanzen gedüngt werden. Diese fördern neben der Blütenbildung auch das Ausreifen der bis dahin gewachsenen Triebe. Diese trocknen dann im Winter nicht so schnell ein, und sie sind weniger anfällig für Schädlinge.
- Ab Ende August sollte man nur noch die Kübelpflanzen düngen, die im beheizten Wintergarten weiter grünen sollen, oder deren Blütezeit in die kalte Jahreszeit fällt wie bei *Datura sanguinea* oder der Tibouchina.

LEICHT ZU VERMEHREN

Viele Arten von Kübelpflanzen lassen sich im Frühsommer gut durch Stecklinge vermehren. Oft fallen diese ganz von selbst an, zum Beispiel beim frühsommerlichen Formschnitt.

- Am besten bewurzeln halbreife Triebstecklinge, die schon schwach verholzt sind, aber noch biegsam und elastisch. Weniger gut gelingt das Bewurzeln mit dünnen Triebspitzen oder mit verholzten Trieben.

In einem feuchten Erde-Sand-Gemisch oder in Tonsubstrat wurzeln die Stecklinge der meisten Kübelpflanzen an einem hellen, warmen Platz (ohne direkte Sonne) schnell an. Wichtig ist eine Folientüte, die man über die Töpfe stülpt, damit die Luftfeuchtigkeit gleichmäßig hoch bleibt.

- Kübelpflanzen, deren Stecklinge nicht leicht Wurzeln bilden, wie beim Hibiskus oder bei der Bougainvillea, sollte man in Bewurzelungspulver tauchen.
- Bei einigen exotischen Kübelpflanzen lohnt sich auch die Anzucht aus Samen, zum Beispiel bei der Bleiwurz, dem Kerzenstrauch oder dem Seidenbaum. Sie blühen oft sogar schon im Jahr der Aussaat.

RÜCKSCHNITT UND ÜBERWINTERUNG

Ein Rückschnitt der Pflanzen vor dem Einräumen im Herbst dient hauptsächlich dazu, in den oft räumlich begrenzten Winterquartieren Platz für mehr Pflanzen zu schaffen. Man schneidet hierfür alle Triebe um etwa ein Drittel zurück.

- Im Frühjahr beschneidet man die Pflanzen, um neues Wachstum anzuregen und vertrocknete Triebe wegzunehmen.
- Bis zum Hochsommer kann vor allem bei buschigwachsenden Pflanzen immer mal wieder ein Pinzieren nötig sein wie zum Beispiel bei Fuchsien oder Schönmalven. Hierbei werden jeweils die jüngsten Blattpaare entfernt, um die Pflanze zum Verzweigen anzuregen. Zwar wird dadurch die erste Blüte verzögert, dafür blühen die Pflanzen später üppiger.
- Die meisten Kübelpflanzen brauchen im Winter einen hellen und kühlen, aber frostfreien Platz. Bei Temperaturen von 5 bis 10 °C legen sie eine Ruhephase ein. So

SCHÄDLINGE AN KÜBELPFLANZEN

Im Freien sind es vor allem die ***Blattläuse,*** *die fast allen Kübelpflanzen zu schaffen machen. Sie saugen mit Vorliebe an den jungen Blättern und Blütenknospen. Dies führt zu krüppelig wachsenden Trieben, die kaum noch blühen.*
Als Erste Hilfe empfiehlt sich ein kräftiges Abduschen mit lauwarmem Wasser.
Fettsäurenpräparate (zum Beispiel Neudosan) oder Rapsöl (Naturen) dezimieren die Schädlinge ebenfalls. Wichtig ist eine wiederholte Anwendung, um langfristig Erfolg zu haben.
Selektiv gegen Blattläuse wirkt das Mittel Pirimor, es schont Nützlinge.
Schwere Schäden können ***Dickmaulrüßler*** *anrichten. Ihre weißen Larven fressen an den Wurzeln der Pflanzen, die etwa einen Zentimeter großen, schwarzen Käfer an den oberirdischen Pflanzenteilen. Da die Käfer nachtaktiv sind, sollte man befallene Pflanzen in den Abendstunden regelmäßig kontrollieren und die Käfer absammeln, wenn man tagsüber Fraßschäden feststellt.*
Weiße Fliegen *findet man vor allem an Engelstrompete, Abutilon oder auch an Fuchsien. Die weißbepuderten Schädlinge heißen korrekt Mottenschildläuse. Ihre an den Blättern festsitzenden Larven schädigen durch Saugen von Pflanzensaft und können sich rasant vermehren. Auch hier ist regelmäßiges Abduschen zu empfehlen und das Abzupfen stark befallener Blätter. Weiterhin helfen die bei den Blattläusen genannten Mittel und Gelbtafeln.*
In zu warmen Winterquartieren gibt es oft Ärger mit ***Schildläusen.*** *Gegen sie helfen Spritzungen mit mineralölhaltigen Präparaten (zum Beispiel Promanal) oder Rapsöl.*

überstehen sie die lichtarme Zeit bei uns am besten und blühen im nächsten Jahr wieder üppig.

- Für Pflanzenfreunde ohne Wintergarten oder Gewächshaus sind diese Ansprüche oft nicht einfach zu erfüllen. Als Winterquartier geeignet sind auch ungeheizte Treppenhäuser, Boden- oder Kellerräume mit Tageslichteinfall.

Wer gar nicht weiß, wohin mit seinen Kübelpflanzen, kann sie auch in Pflege geben. Immer mehr große Gärtnereien bieten diesen Service an. Allerdings ist das nicht ganz billig: Pro Quadratmeter Standfläche müssen Sie mit mindestens hundert Mark rechnen. Dafür werden die Pflanzen im Oktober abgeholt, bis zum April/Mai bei den richtigen Temperaturen überwintert, falls notwendig auch umgetopft und zurückgeschnitten.

- Pflanzen, die bei kühler Überwinterung die Blätter abwerfen wie Granatapfel, Korallenstrauch, Engelstrompete oder Bleiwurz, kommen auch ohne Licht aus, wenn der Standort nicht wärmer als 5 bis 7 °C ist.
- Kontrollieren Sie regelmäßig, ob sich Schädlinge breitgemacht haben oder ob der Wurzelballen ausgetrocknet ist. Bei Bedarf vorsichtig wässern. Das Winterquartier bei frostfreier Witterung regelmäßig lüften.

Ein Untersatz mit Rollen macht selbst schwere Kübel beweglich.

- Im zeitigen Frühjahr schneidet man alle vertrockneten oder vergeilten Triebe zurück.
- Wenn nötig, die Pflanzen in neue, gut durchlässige Erde umtopfen. Dabei eine Drainage- und Belüftungsschicht aus Tonscherben oder Blähton unten im Topf nicht vergessen.
- Ältere Pflanzen brauchen nur noch alle drei bis vier Jahre umgetopft zu werden. Auch müssen sie dabei nicht automatisch in größere Töpfe umgesetzt werden. Man schneidet Wurzeln und Triebe etwa um ein Drittel zurück und kann die Pflanze dann mit frischer Erde in den alten Topf setzen.
- Spätestens Mitte Mai können die Pflanzen endgültig ins Freie. Da sie meist schon voll wieder ausgetrieben haben, ist vor der Sonne besondere Vorsicht geboten. Stellen Sie die Pflanzen erst einmal an einen schattigen Platz.

ARBEITSKALENDER

Im Januar: *Immergrüne Kübelpflanzen, die im Freien auf Balkon oder Terrasse überwintern, an frostfreien Tagen gelegentlich gießen. Auch im Winterquartier im Haus brauchen die Pflanzen Wasser.*

Im Februar: *Arbeiten wie im Januar. Ende des Monats können Sie schon mit dem Rückschnitt beginnen.*

Im März: *Kübelpflanzen, die dunkel überwintert haben, in einen hellen, aber trotzdem kühlen Raum stellen. Alle mehr gießen, noch nicht düngen. Zeit für den Rückschnitt.*

Im April: *Robuste Pflanzen wie Lorbeer, Olive, Hanfpalme, Bambus ausräumen. Aber erst einige Tage schattig stellen. Gießen nach Bedarf. Junge Pflanzen jährlich umtopfen, ältere nur noch alle drei bis vier Jahre. Nicht umgetopfte Pflanzen ab April düngen.*

Im Mai: *Mitte des Monats kommen Kübelpflanzen ins Freie. Zuerst schattig stellen. Regelmäßig gießen und düngen.*

Im Juni: *Den ganzen Sommer über, von Juni bis Ende August, regelmäßig gießen, düngen, Welkes abzupfen, Unkraut aus der Erde ziehen, gelegentlich die Erde lockern und auf Schädlinge achten.*

Im Juli: *Arbeiten wie im Juni. Vor allem die Schädlingsbekämpfung ist jetzt wichtig.*

Im August: *Arbeiten wie im Juni. Die beste Zeit, um viele Kübelpflanzen durch Stecklinge zu vermehren. Ab Ende August die meisten Pflanzen nicht mehr düngen.*

Im September: *In der zweiten Monatshälfte kommen solche Pflanzen ins Haus, die warm überwintern.*

Im Oktober: *Der größte Teil der Kübelpflanzen wird in der Monatsmitte eingeräumt. Einige Pflanzen kräftig zurückschneiden (siehe Pflanzenporträts), bei anderen nur störende Triebe entfernen. Eine gute Zeit, um winterharte Sträucher und Bäume in Kübel zu setzen.*

Im November: *Auch die ganz robusten wie Granatapfel, Hanfpalme, Lorbeer gegen Monatsmitte einräumen. Gegen Monatsende Pflanzen, die draußen überwintern, frostfest verpacken.*

Im Dezember: *Kümmern Sie sich um die Überwinterer: Gelegentlich gießen, Pflanzen auf Schädlinge untersuchen, Winterquartier an frostfreien Tagen lüften.*

DIE PFLANZEN VON A BIS Z

Auf den folgenden Seiten finden Sie Porträts der schönsten Pflanzen für die Fensterbank, für Balkonkästen und Kübel.

Zimmerpflanzen mit schönen Blüten Seite 154–163

Zimmerpflanzen mit schönen Blättern Seite164–177

Balkonpflanzen Seite178–183

Kübelpflanzen Seite184–189

Die Pflegesymbole am Anfang jeder Pflanzenbeschreibung verraten Ihnen auf einen Blick die wichtigsten Informationen.

✿ *Besonders pflegeleicht* ✿✿ *normal zu pflegen* ✿✿✿ *schwierig zu pflegen*

● *sonnig* ◐ *halbschattig* ● *schattig*

💧 *wenig gießen* 💧💧 *normal gießen* 💧💧💧 *viel gießen*

E *einjährig* **M** *mehrjährig*

Alpenveilchen

Cyclamen persicum

Obwohl das Alpenveilchen nur im Herbst und Winter auf dem Markt ist, gehört es zu den beliebtesten Zimmerpflanzen. Die Züchter bringen immer neue Sorten auf den Markt: in vielen Blütenfarben, sogar mit zweifarbigen Blättern, mit glatten, gewellten oder gekrausten Blatträndern. Minis sind dabei und auch einige duftende Sorten. Leider ist der hübsche Winterblüher nicht ganz pflegeleicht, daher werden sie oft nach der Blüte weggeworfen.

Blütezeit: August bis April.
Standort: Halbschattig.
Pflege: Regelmäßig gießen, nur mit enthärtetem Wasser, nie auf die Knolle. Wöchentlich düngen. Abgeblühte Stiele aus der Knolle drehen, nicht schneiden.
Überwinterung: Hell und kühl, bei 10 bis 15 °C. Luftfeuchtigkeit: etwa 60%.
Vermehrung: Aussaat, Knollenteilung.
Schädlinge: Cyclamenmilben (Bekämpfung kaum möglich), Dickmaulrüßler, Blattläuse, Spinnmilben.
Extra-Tip: Nie die Blüten ansprühen; sie werden sehr schnell fleckig.

Azalee

Rhododendron

Die Azalee ist einer der schönsten Winterblüher: in Weiß, Rosa- und Rottönen, buschig gewachsen, als Hochstämmchen, Pyramide oder Miniaturausgabe. Leider ist sie auch empfindlich, vor allem die Wärme in den Wohnzimmern macht ihr zu schaffen. Bei guter Pflege aber bringt man sie in jedem Jahr wieder zum Blühen.
Robuster als die Indische Azalee *(R. Simsii-Hybride)* ist die Japanische Azalee *(R. kiusianum* syn. *R. x obtusum var. japonicum)* mit kleinen, meist rosafarbenen Blüten.

Blütezeit: November bis April.
Standort: Halbschattig und kühl.
Pflege: Während der Blüte reichlich gießen, aber nur mit entkalktem Wasser. Nach der Blüte Triebe kürzen und in spezielle Azaleenerde umsetzen. Im Sommer alle zwei Wochen kalkfrei düngen.

Überwinterung: Je kühler die Pflanze steht, umso länger hält die Blüte. Ideal: unter 15 °C. Luftfeuchtigkeit: 60%.
Vermehrung: Durch Stecklinge.
Schädlinge: Spinnmilben, Blattläuse, Azaleenwickler.
Extra-Tip: Nie die Blüten besprühen; sie werden fleckig.

Amaryllis

Hippeastrum-Hybride

Zwar ist die Amaryllis (oder botanisch korrekt: der Ritterstern) eine ausgesprochene Saisonpflanze. Aber während ihrer Blütezeit kann kaum eine andere Pflanze auf der Fensterbank mit ihr konkurrieren.
Verkauft werden Sorten mit Blüten in Weiß, Lachs, Orange und allen denkbaren Rosa- und Rottönen, außerdem zweifarbige Formen mit abgesetztem Rand oder sogar Streifen.

Blütezeit: Januar bis April.
Standort: Von Januar bis September hell und warm.
Pflege: Während der Ruhezeit kaum gießen. Wenn der Blütenschaft 10 cm hoch ist, mehr gießen. Während der Wachstumszeit wöchentlich düngen.
Überwinterung: Von Oktober bis Dezember bei etwa 16 °C, auch dunkel. Luftfeuchtigkeit: etwa 50%.
Vermehrung: Durch Brutzwiebeln, die man beim Umtopfen abnimmt, oder Aussaat (schwierig und langwierig).
Schädlinge: Woll- und Schildläuse. Roter Brenner, eine Pilzkrankheit, die bei kaltem und nassem Stand auftritt.
Extra-Tip: Beim Eintopfen muß die Amaryllis-Zwiebel zu einem Drittel aus der Erde schauen.

Begonie

Begonia-Hybriden

Unter dem Sammelnamen „Blütenbegonie" sind verschiedene Begonienarten zusammengefaßt. Elatior-Begonien werden heute das ganze Jahr über blühend verkauft, Lorraine-Begonien mitten im Winter, zum Advent. Begonien blühen bei geringem Pflegeaufwand sehr lange. Nach dem Welken werden sie meist weggeworfen, da sich eine Weiterkultur nicht lohnt.

Blütezeit: Ganzjährig.
Standort: Halbschattig bis schattig.
Pflege: Reichlich gießen, alle zwei Wochen düngen. Welke Blüten sofort abknipsen.

Überwinterung: Je nach Art bei 15 bis 21 °C. Luftfeuchtigkeit: 50 bis 60%. Lohnt aber meist nicht.
Vermehrung: Durch Stecklinge.
Schädlinge: Spinnmilben, Thripse, auch Mehltau.
Extra-Tip: Nie die Blätter begießen, sie faulen leicht!

Blaues Lieschen

Exacum affine

E

15 bis 20 cm hoch wird die kleine Pflanze. Den ganzen Sommer über ist sie dicht mit Blüten besetzt – bei der ursprünglichen Art blau. Es gibt aber auch eine weiße Sorte. Nach der Blüte stirbt die Pflanze ab.

Blütezeit: Juli bis September.

Standort: Hell, aber ohne grelle Mittagssonne, bei normaler Zimmertemperatur.

Pflege: Mäßig gießen, aber nie austrocknen lassen. Während der Blütezeit alle zwei Wochen düngen.

Überwinterung: Entfällt, da einjährig.

Vermehrung: Durch Aussaat oder Stecklinge im Frühjahr.

Schädlinge: Treten selten auf.

Extra-Tip: In einem trockenen Sommer steht das Blaue Lieschen auch gerne auf dem Balkon.

Cinerarie

Senecio-Cruentus-Hybride

E

Die Cinerarie, auch Aschenblume genannt, fängt gegen Ende des Winters an zu blühen – dann, wenn auf der Fensterbank noch wenig Farben zu sehen sind, Bis zum Sommer erscheinen immer neue Blüten, je nach Sorte in allen Farbschattierungen: von Blau über Rot bis Weiß, auch zweifarbig. Leider besitzt die Pflanze keine lange Lebensdauer: Bald nach dem Welken der Blüten stirbt sie.

Blütezeit: Februar bis April.

Standort: Hell und luftig, aber ohne pralle Sonne. Ideal für eine lange Blüte sind Temperaturen um 15 °C.

Pflege: Regelmäßig und reichlich mit weichem, lauwarmen Wasser gießen, gelegentlich tauchen. Wöchentliches Düngen mit stickstoffarmem Dünger verlängert die Blütezeit.

Überwinterung: Entfällt.

Vermehrung: Durch Aussaat im Frühsommer (aber schwierig).

Schädlinge: Blattläuse (wird auch oft Läuseblume genannt).

Extra-Tip: Achten Sie beim Kauf weniger auf Blüten, sondern mehr auf Knospenbesatz.

Browallie

Browallia speciosa

M

Die Browallie wächst buschig und dicht verzweigt, wird etwa 30 bis 50 cm hoch und hat dunkelgrüne ovale Blättchen. Ursprünglich sind die Blüten blauviolett. Inzwischen gibt es aber auch eine Sorte mit schneeweißen Blüten.

Blütezeit: Browallien kann man das ganze Jahr über in voller Blüte kaufen.

Standort: Sonnig bis halbschattig, aber im Sommer vor greller Mittagssonne schützen. Im Sommer bei normalen Zimmertemperaturen aufstellen.

Pflege: Im Sommer reichlich gießen, im Winter nur mäßig. Aber nie austrocknen lassen. So lange die Pflanze blüht, wöchentlich düngen.

Überwinterung: Kühl, bei 15 °C. Luftfeuchtigkeit: etwa 50 bis 60%.

Vermehrung: Durch Aussaat im Februar (Lichtkeimer) oder durch Stecklinge. Setzen Sie mehrere Jungpflanzen zusammen in einen Topf.

Schädlinge: Weiße Fliegen.

Extra-Tip: Die Browallie zählt wie alle Nachtschattengewächse zu den Giftpflanzen. Deshalb Vorsicht, wenn Sie Kinder oder Haustiere haben.

Drehfrucht

Streptocarpus-Hybriden

M

Aus der bescheidenen Pflanze aus Südafrika sind durch Züchtung auffallende Pflanzen mit großen Blüten geworden. Die Blütenfarben reichen von Weiß über Lachs, alle nur denkbaren Rosa- und Rottöne über Blau bis hin zum tiefen Violett. Einige Sorten haben einen farbig abgesetzten Schlund oder einen gekrausten Blütenrand. Die Blätter der Pflanze sind lang und schmal.

Blütezeit: März bis Oktober.

Standort: Hell bis halbschattig, aber ohne grelle Sommersonne. Zugluft vermeiden.

Pflege: Das ganze Jahr über regelmäßig, aber nur mäßig gießen. Nur kalkfreies, zimmerwarmes Wasser nehmen. Von März bis August alle zwei Wochen schwach düngen. Nie auf trockene Erde düngen.

Überwinterung: Bei normaler Zimmertemperatur. Luftfeuchtigkeit: 50 bis 60%.

Vermehrung: Durch Aussaat oder Blattstecklinge, am besten im Frühjahr.

Schädlinge: Blattläuse, Spinnmilben und Thripse bei zu trockener Luft.

Extra-Tip: Kleinblütige Sorten im Winter etwas kühler stellen.

Edelpelargonie

Pelargonium-Grandiflorum-Hybride

M

Die Edelpelargonie darf man nicht mit der Balkonpelargonie verwechseln: Sie ist eine ausgesprochene Zimmerpflanze. In Wuchs und Blüte aber ähneln sich die beiden. Edelpelargonien gibt es in vielen verschiedenen Blütenfarben. Sie werden etwa 40 cm hoch.
Blütezeit: April bis Juni.
Standort: Hell, aber ohne grelle Sonne. Nach draußen nur zwischen Ende Mai und Anfang September stellen, wenn garantiert kein Frost droht.
Pflege: Im Sommer reichlich, im Winter weniger gießen. Von März bis Ende August alle zwei Wochen düngen.
Überwinterung: Hell und kühler, bei 12 bis 15 °C. Luftfeuchtigkeit: 50 bis 60%.
Vermehrung: Durch Stecklinge Mitte August.
Schädlinge: Blattläuse, Weiße Fliegen.
Extra-Tip: Regelmäßig vermehren, da ältere Pflanzen nicht mehr schön blühen.

Flamingoblume

Anthurium

M

Als Blattpflanze gibt die Flamingoblume nicht viel her. Wenn aber ihre lackroten (manchmal auch orangefarbenen oder cremeweißen) Blütenscheiden erscheinen, wird sie zur auffallenden Schönheit auf der Fensterbank.
Vor allem zwei Arten werden fürs Zimmer kultiviert: die Große Flamingoblume *(A.-Andraeanum-Hybride)* und die Kleine Flamingoblume *(A.-Scherzerianum-Hybride)*. Besser für die Fensterbank geeignet ist die kleine Art.
Blütezeit: Februar bis Mai. Bei guter Pflege auch ganzjährig.
Standort: Hell, aber ohne grelle Sonne, und warm.
Pflege: Reichlich gießen, nur zur Knospenbildung weniger, mit entkalktem, zimmerwarmem Wasser. Düngen von März bis Oktober alle zwei Wochen.

Überwinterung: Hell und warm. Zur Knospenbildung im Winter sechs Wochen kühl stellen, bei 15 °C. Luftfeuchtigkeit: über 60%.
Vermehrung: Durch Teilung.
Schädlinge: Blatt- und Schildläuse, Spinnmilben.
Extra-Tip: Umtopfen, wenn die Wurzeln aus dem Topf wachsen.

Einblatt

Spathiphyllum

M

Eine ausgesprochen elegante Pflanze ist das Einblatt mit seinen schneeweißen Hochblättern und den duftenden Blütenkolben. Der einzelne Blütenstand hält oft wochenlang; das Hochblatt allerdings wird mit zunehmendem Alter grünlich. Als Zimmerpflanze kennt man mehrere Arten. Am häufigsten ist *S. floribundum.*
Blütezeit: Juni bis September.
Standort: Halbschattig bis schattig, das ganze Jahr über warm. Nicht nach draußen stellen.
Pflege: Mäßig, aber regelmäßig gießen; die Erde darf nie austrocknen. Wichtig: eine dicke Drainageschicht im Topf. Häufig sprühen, aber nie auf die Hochblätter. Düngen von April bis September alle zwei Wochen.
Überwinterung: Hell und warm, nie unter 16 °C. Luftfeuchtigkeit: über 60%.
Vermehrung: Durch Aussaat oder Teilung. Samen ist allerdings nur selten zu bekommen.
Schädlinge: Spinnmilben und Schildläuse, wenn die Luft zu trocken ist. Blattschäden bei falschem Düngen.
Extra-Tip: Das Einblatt ist salzempfindlich. Deshalb nie auf trockene Erde düngen.

Flammendes Käthchen

Kalanchoe blossfeldiana

M

Die tropischen Gebiete Afrikas und Asiens sind die Heimat der Kalanchoen. Der bekannteste Vertreter dieser Gattung ist das Flammende Käthchen. Die einzelnen Blüten der Pflanze sind klein. Da aber viele in dichten Dolden zusammenstehen, wirkt der Blütenschmuck üppig. Es gibt Sorten mit gelben, rosa, roten oder orangefarbenen Blüten.
Blütezeit: Von Februar bis Juni. Durch Lichtsteuerung auch zu anderen Zeiten.
Standort: Hell, vor greller Sonne geschützt. Luftig.
Pflege: Mäßig gießen, im Winter noch weniger. Von April bis Ende August alle zwei Wochen düngen, mit halber Portion.

Überwinterung: Hell und kühl, bei etwa 15 °C. Luftfeuchtigkeit: 50%.
Vermehrung: Durch Aussaat und Stecklinge.
Schädlinge: Blattläuse.
Extra-Tip: Zur Knospenbildung ist im Winter ein Kurztag notwendig.

Gardenie

Gardenia jasminoides

Gardenien erwarten von ihrem Besitzer ein wenig Fingerspitzengefühl. Dann aber bedanken sie sich mit vielen duftenden Blüten. Die dunkelgrünen Blätter glänzen lackartig. Eine Gardenie im Topf kann über einen Meter hoch werden. Meist erreicht sie aber nur 60 bis 70 cm.
Blütezeit: Juli bis Dezember.
Standort: Hell, aber ohne grelle Sonne. Luftig, im Sommer auch draußen, aber nur an warmen Tagen.
Pflege: Im Sommer normal gießen, im Winter weniger, nur mit entkalktem, zimmerwarmem Wasser. Düngen von April bis September wöchentlich mit Azaleendünger, nur mit halber Portion.
Überwinterung: Hell und kühl, bei etwa 15 °C. Luftfeuchtigkeit: 50 bis 60%.
Vermehrung: Durch Stecklinge.
Schädlinge: Blattläuse, Spinnmilben.
Extra-Tip: Nie die Blüten besprühen.

Glockenblume

Campanula

Normalerweise kennt man Glockenblumen aus dem Garten. Einige Arten haben sich aber auch im Zimmer durchgesetzt. Wenn man die Pflanze kauft, ist sie meist recht kompakt. Nach einiger Zeit allerdings werden die Triebe so lang, daß man die Glockenblume am besten in eine Ampel setzen sollte.
C. isophylla, auch „Stern von Bethlehem" genannt, ist die bekannteste Zimmerart. Von ihr gibt es eine weiße und eine blauviolette Sorte. *C. fragilis* blüht hellblau, schon im Frühsommer.
Blütezeit: Je nach Art von April bis Oktober.

Standort: Hell und luftig, im Sommer auch draußen.
Pflege: Im Sommer reichlich, im Winter wenig gießen. Düngen von April bis Ende August wöchentlich, mit halber Portion.
Überwinterung: Hell und kühl, um 10 °C. Luftfeuchtigkeit: 50 bis 60%.
Vermehrung: Durch Aussaat, Teilung oder Stecklinge.
Schädlinge: Spinnmilben.
Extra-Tip: Glockenblumen vertragen kalkhaltiges Wasser.

Glanzkölbchen

Aphelandra

Der Name der Pflanze bezieht sich auf die wachsartig glänzenden Hochblätter, die einen kleinen, kolbenartigen Blütenstand bilden. Zwischen diesen Deckblättern schieben sich die eigentlichen röhrenförmigen Blüten hervor. Blüten und Deckblätter sind von gleicher Farbe: meist gelb, manchmal auch rot.
Blütezeit: Je nach Art von April bis Oktober.
Standort: Hell, aber ohne grelle Sonne, und warm.
Pflege: Im Sommer reichlich gießen, im Winter weniger. Düngen von März bis September wöchentlich. Im Januar stark zurückschneiden.
Überwinterung: Hell und warm, nur im November und Dezember sechs bis acht Wochen kühler, bei etwa 10 °C. Luftfeuchtigkeit: über 60%.
Vermehrung: Durch Stecklinge.
Schädlinge: Blatt-, Schild- und Wolläuse, Spinnmilben.
Extra-Tip: Während der Kühlperiode eventuell mit speziellen Pflanzenleuchten für die notwendige Helligkeit zum neuen Austreiben sorgen.

Gloriose

Gloriosa superba

Bis vor kurzem trugt die Gloriose oder Ruhmeskrone noch den lateinischen Namen *G. rothschildiana.* Jetzt heißt sie „Superba", die „Stolze" – eine Bezeichnung, die gut zu ihren großen Blüten paßt. Wie exotische Schmetterlinge sehen diese aus, feuerrot mit gelbem Rand und gelbem Schlund, mit weit zurückgeschlagenen Blättern.
Die Gloriose gehört zu den Kletterpflanzen, bekommt lange Triebe, die man um ein Gerüst oder um einen Rundbogen legen muß. Wegen ihrer Zugehörigkeit zur Familie der Lilien wird sie manchmal auch Kletterlilie genannt.
Blütezeit: Von Juni bis Ende August.
Standort: Sehr hell, aber ohne grelle Sonne.
Pflege: Im Sommer normal gießen. Düngen von März bis Ende August. Im September allmählich weniger gießen, so daß die Blätter welken. Im Winter trocken halten. Die Knolle im März bei hoher Bodenwärme neu antreiben.

Überwinterung: Die Knolle überwintert im Topf, trocken, bei etwa 15 °C. Luftfeuchtigkeit: 50 bis 60%.
Vermehrung: Durch Brutknollen.
Schädlinge: Blattläuse und Spinnmilben.
Extra-Tip: Die Knollen sind hochgiftig!

Gloxinie

Sinningia-Hybriden

Wie Samt sehen die großen Blütenglocken der Gloxinie aus. Die Standardblütenfarben sind Weiß und Rot. Inzwischen gibt es aber Sorten in vielen Rosa- und Violettönen, auch zweifarbige. Sogar gefüllte Blüten, die kleinen Rosen ähneln, sind auf dem Markt.

Bei den Zuchtbemühungen um immer schönere Blüten haben allerdings die Knollen gelitten: Meist sind sie nach einer Saison ausgelaugt. Am besten kauft man deshalb in jedem Frühjahr neue Pflanzen.

Blütezeit: April bis September.
Standort: Halbschattig und warm.
Pflege: In der Wachstumszeit reichlich gießen, mit entkalktem Wasser, und wöchentlich mit halber Portion düngen. Knolle im Februar umtopfen.
Überwinterung: Die Knolle überwintert trocken im Topf bei etwa 15 °C. Luftfeuchtigkeit: um 60%.
Vermehrung: Aussaat (schwierig) oder Blattstecklinge.
Schädlinge: Blattläuse bei Lufttrockenheit.
Extra-Tip: Die Knollen müssen in jedem Februar neu angetrieben werden.

Hibiskus

Hibiscus rosa-sinensis

Der Hibiskus oder Chinesische Roseneibisch, wie er auch genannt wird, gehört zu den schönsten Blütenpflanzen. Seine Trichterblüten sind weiß, gelb, rosa oder rot, einfach oder gefüllt, manchmal zweifarbig – und immer riesengroß. Bis zu 15 cm Durchmesser sind keine Seltenheit. Die Blätter sind dunkelgrün und zugespitzt.
Blütezeit: März bis Oktober.
Standort: Sehr sonnig und warm. Nur junge Pflanzen etwas schattiger stellen. Im Sommer auch draußen, aber an einem etwas regengeschützten Platz.
Pflege: Den Sommer über reichlich gießen, nie austrocknen lassen, im Winter weniger. Düngen von März bis Ende August wöchentlich. Wird Hibiskus zu selten gedüngt, blüht er nicht. Bei hohen Temperaturen öfter sprühen. Im Frühjahr zu lange Triebe zurückschneiden.

Überwinterung: Kühl, 15 °C. Dann bilden sich viele Knospen. Luftfeuchtigkeit: um 60%.
Vermehrung: Durch Stecklinge.
Schädlinge: Blattläuse, Spinnmilben und Wolläuse.
Extra-Tip: Welke Knospen sofort abknipsen.

Goldtrompete

Allamanda cathartica

Im Laufe der Jahre kann die Goldtrompete oder Dschungelglocke, wie sie auch genannt wird, meterlange Triebe bekommen. An deren Spitzen sitzen große Trichterblüten, je nach Sorte in verschiedenen Gelbtönen. Die Goldtrompete stammt aus dem brasilianischen Dschungel. Das von dort gewohnte feuchtwarme Klima will sie auch im Zimmer vorfinden. Das macht sie etwas schwierig.
Blütezeit: Mai bis November.
Standort: Sehr hell bis sonnig und sehr warm.

Pflege: Im Sommer reichlich mit entkalktem Wasser gießen, von März bis Ende August wöchentlich düngen.
Überwinterung: Warm. Luftfeuchtigkeit: über 60%.
Vermehrung: Durch Stecklinge.
Schädlinge: Woll- und Schildläuse.
Extra-Tip: Triebe im Frühjahr zurückschneiden.

Jasmin

Jasminum officinale

Vor allem die weißen, zartduftenden Blüten machen den besonderen Reiz des Zimmerjasmins aus. Die langen Triebe mit den kleinen Blättchen sehen besonders hübsch aus, wenn sie um einen Rundbogen gezogen werden.
Blütezeit: Anfang Juni bis Mitte September.
Standort: Sonnig und nicht zu warm, im Sommer auch draußen.
Pflege: Im Sommer normal gießen, im Winter nur soviel gießen, daß die Erde nicht austrocknet. Unbedingt entkalktes, zimmerwarmes Gießwasser verwenden. Düngen von April bis Ende August alle zwei Wochen. Die langen Triebe müssen an ein Klettergerüst gebunden werden. Wird ein Jasmin von unten her kahl, hilft ein Rückschnitt.
Überwinterung: Kühl, unter 10 °C. Bei warmem Winterplatz bilden sich kaum Knospen.
Vermehrung: Durch Stecklinge im Frühjahr und Sommer.
Schädlinge: Blatt- und Wolläuse bei zu hohen Wintertemperaturen.
Extra-Tip: Wegen des Dufts nicht fürs Schlafzimmer geeignet.

Kamelie

Camellia japonica

Die Kamelie ist der Traum vieler Zimmergärtner. Da sie aber außerordentlich heikel ist, jeden Standort- und Pflegefehler gleich übel nimmt, zudem nicht gerade preiswert ist, sollte man sie wirklich nur dann kaufen, wenn man ihr optimale Bedingungen bieten kann.
Blütezeit: Je nach Sorte von Dezember bis April.
Standort: Kühl und halbschattig.
Pflege: Bis Juli normal, danach weniger gießen, nur mit entkalktem Wasser. Düngen Sie mit Azaleendünger von Februar bis Juli wöchentlich.
Überwinterung: Unter 10 °C. Luftfeuchtigkeit: 50–60%.
Vermehrung: Durch Stecklinge im August.
Schädlinge: Läuse, auch Rußtau bei falschem Standort.
Extra-Tip: Knospige Pflanzen nicht mehr drehen!

Klivie

Clivia miniata

Die Klivie gehört zu den Klassikern unter den Zimmerpflanzen. Sie ist ein bißchen heikel, braucht Pflege und Aufmerksamkeit. Bekommt sie beides, kann sie uralt werden und blüht in jedem Jahr schöner.
Ganz wichtig für die Blüte ist eine strikte Ruhezeit, etwa von September/Oktober bis zum Januar. Nur wenn diese eingehalten wird, blüht die Pflanze.
Blütezeit: Februar bis Mai.
Standort: Halbschattig.
Pflege: Im Sommer reichlich gießen, aber Staunässe vermeiden. Während der Ruhezeit nur soviel gießen, daß die Blätter nicht welken. Von März bis Ende August alle zwei Wochen düngen.

Überwinterung: Ruhezeit bei 10 bis 12 °C. Luftfeuchtigkeit: 50 bis 60%.
Vermehrung: Durch Kindel am Pflanzenfuß.
Schädlinge: Sind selten.
Extra-Tip: Eine Klivie nicht zu oft umtopfen, dann blüht sie schlecht.

Katzenschwanz

Acalypha hispida

Ihren Namen verdankt die Pflanze den langen plüschartigen Blütenähren, die übrigens nur weibliche Pflanzen tragen. Neben der roten Form gibt es auch eine weiße Sorte, neben der aufrechtwachsenden eine hängende Art, *A. hispaniolae,* mit kleineren Blättern. Gelegentlich werden auch mit Wachstumshemmern behandelte, sehr niedrige Sorten für Balkonkästen angeboten.
Blütezeit: Ganzjährig möglich.
Standort: Halbschattig und warm. Im Sommer auch draußen, dann aber wind- und regengeschützt.
Pflege: Im Sommer reichlich gießen, Staunässe vermeiden. Nur entkalktes, zimmerwarmes Wasser nehmen. Düngen von April bis Ende August alle zwei Wochen.
Überwinterung: Hell und nicht zu kühl, nie unter 16 bis 20 °C. Luftfeuchtigkeit: über 60%.
Vermehrung: Durch Stecklinge.
Schädlinge: Blatt- und Schildläuse, Weiße Fliegen und Spinnmilben bei zu trockener Luft.
Extra-Tip: Der Katzenschwanz ist giftig.

Kolumnee

Columnea

In ihrer Heimat im tropischen Mittelamerika wächst die Kolumnee als Epiphyt auf den Bäumen. Im Zimmer ist sie eine hübsche Ampelpflanze mit langen Trieben, kleinen harten Blättern und roten oder gelben Röhrenblüten. Eine ganze Reihe von Arten und Sorten gibt es zu kaufen, auch solche mit bunten Blättern.
Die Kolumnee gilt als sehr schwierige Pflanze mit vielen Sonderwünschen. Neue Züchtungen sind aber robuster.
Blütezeit: Je nach Art und Sorte zu verschiedenen Jahreszeiten. Hauptblüte von März bis Juni.
Standort: Sehr hell, aber ohne grelle Sonne, und warm. Unbedingt Zugluft vermeiden, sonst fallen die Blätter.
Pflege: Während der Wachstumszeit im Sommer gleichmäßig gießen, nur mit entkalktem, zimmerwarmem Wasser, wöchentlich mit Azaleendünger düngen, nur mit halber Portion. Im Winter weniger gießen.

Überwinterung: Zur Knospenbildung einen Monat kühler stellen, nicht unter 15 °C. Luftfeuchtigkeit: über 60%.
Vermehrung: Durch Aussaat und Stecklinge.
Schädlinge: Spinnmilben und Läuse bei zu trockener Luft.
Extra-Tip: Nie Blüten besprühen.

Kranzschlinge

Stephanotis floribunda

✿ ✿ ◐ 💧 💧 💧 M

Mit ihren dunkelgrünen, glänzenden Blättern, vor allem aber mit den schneeweißen duftenden Blütensternchen ist die Kranzschlinge eine ganz beliebte Zimmerpflanze. Die meterlangen Triebe brauchen etwas zum Festhalten: entweder ein Spalier oder einen Rundbogen im Topf.
Blütezeit: Mai bis September.
Standort: Hell und luftig, aber ohne pralle Sonne.
Pflege: Reichlich gießen im Sommer, mäßig im Winter, immer mit entkalktem, zimmerwarmem Wasser. Von Mitte März bis Ende August wöchentlich, aber nur mit halber Portion, düngen. Kahle Triebe können im Frühjahr zurückgeschnitten werden.
Überwinterung: Hell und kühl, bei Temperaturen um 12 °C. Luftfeuchtigkeit: 50 bis 60%.
Vermehrung: Durch Stecklinge im Frühsommer.
Schädlinge: Blatt- und Schildläuse, außerdem Spinnmilben bei zu warmer Überwinterung.
Extra-Tip: Knospige Pflanzen nicht mehr drehen.

Medinille

Medinilla magnifica

✿ ✿ ✿ ◐ 💧 💧 M

Magnifica bedeutet „die Großartige". Und großartig ist die Medinille tatsächlich mit ihren großen, lederartigen Blättern und den riesigen rosaroten Blütenständen, an denen bis zu hundert Einzelblüten sitzen. Leider ist die philippinische Schönheit sehr anspruchsvoll. Bei guter Pflege aber kann sie bis zu zwei Metern hoch werden, mit über 60 cm langen Blütenständen.
Damit die Pflanze im Zimmer wirklich gut zur Geltung kommt, braucht sie ringsum viel Platz. Ein freistehender Blumenständer ist der ideale Standort.
Blütezeit: Februar bis August.
Standort: Hell, aber ohne Sonne, und warm.
Pflege: Im Sommer stets gleichmäßig gießen, nur mit zimmerwarmem, entkalktem Wasser, während der Ruhezeit wenig.

März bis Ende August wöchentlich düngen. Verkahlte Pflanzen zurückschneiden.
Überwinterung: Zwei Monate kühl stellen, um 16 °C. Luftfeuchtigkeit: über 60%.
Vermehrung: Durch Stecklinge.
Schädlinge: Sind selten.
Extra-Tip: Knospige Pflanzen nicht mehr drehen.

Lanzenrosette

Aechmea

✿ ◐ 💧 M

Weit über hundert Arten gibt es von dieser Bromelie, die fast alle in Brasilien zu Hause sind. Als Zimmerpflanze findet man vor allem *A. fasciata* mit rosafarbenem Blütenstand, die leuchtendrote *A. fulgens* und die blaurote *A. miniata.* Typisch für diese Bromelien ist die Rosette aus graufilzigen, leicht bestachelten Blättern und das Absterben der Pflanze nach der Blüte. Vorher aber sorgt eine Bromelie noch für Nachwuchs.
Blütezeit: Mai bis Oktober.
Standort: Halbschattig und warm.
Pflege: Mäßig gießen, mit weichem Wasser; im Winter kaum gießen. Von März bis August alle zwei Wochen düngen.

Überwinterung: Warm, nie unter 18 °C. Luftfeuchtigkeit: um 50%.
Vermehrung: Durch Kindel oder Aussaat.
Schädlinge: Schildläuse.
Extra-Tip: Im Sommer in den Trichter gießen.

Orangenbäumchen

Citrus

✿ ✿ ✿ ● 💧 💧 💧 M

Fürs Zimmer eignet sich vor allem die Calamondinorange *(x Citrofortunella microcarpa),* eine Kreuzung aus Citrus und Kumquat. Schon junge Pflanzen tragen duftende Blüten und kleine, eßbare Früchte, die wochenlang halten. Die Calamondinorange wird einen Meter hoch, wächst aber langsam.
Blütezeit: Ganzjährig.
Standort: Sonnig und luftig, aber ohne Zug.
Pflege: Im Sommer viel, im Winter weniger gießen, nur mit kalkfreiem Wasser, sonst droht Chlorose. Düngen sollte man von März bis August wöchentlich.
Überwinterung: Sehr hell, aber kühl, unter 15 °C. Luftfeuchtigkeit: um 50%.
Vermehrung: Durch Stecklinge das ganze Jahr über.
Schädlinge: Wolläuse, Schildläuse, Thripse, Spinnmilben.
Extra-Tip: Pflanzen aus Kernen gezogen bekommen selten Blüten und Früchte.

Pantoffelblume

Calceolaria-Hybride

E

Zur Blütezeit im Frühjahr werden die kleinen Pflanzen überall verkauft: mit einfarbigen, gesprenkelten oder getigerten Blütenschuhen, in allen Gelb-, Orange- und Rottönen. Nach der Blüte wird die einjährige Pantoffelblume weggeworfen.
Blüte: April und Mai.
Standort: Sehr hell, aber ohne pralle Mittagssonne. Sehr kühl, bei 15 bis 17 °C. Am warmen Platz hält die Pflanze nicht lange.
Pflege: Reichlich gießen, aber Staunässe vermeiden. Während der Blütezeit wöchentlich düngen.
Überwinterung: Entfällt, da einjährig.
Vermehrung: Durch Aussaat im Sommer (aber schwierig).
Schädlinge: Blattläuse und Weiße Fliegen.
Extra-Tip: Samen nicht abdecken: Lichtkeimer!

Primel

Primula

E M

Bei den Primeln gibt es kurzlebige wie die Fliederprimel *(P. malacoides)*, aber auch langlebige wie die bekannte Kissenprimel *(P. vulgaris)*, die Becherprimel *(P. obconica)* und die Chinesenprimel *(P. praenitens)*. Allerdings blühen auch die langlebigen meist nie wieder so schön wie im ersten Jahr.
Blütezeit: Je nach Art von Dezember bis April.
Standort: Hell, aber ohne grelle Sonne, nicht zu warm. Im Frühjahr und Sommer auch draußen.
Pflege: Gleichmäßig gießen, mit entkalktem Wasser. Von März bis August alle zwei Wochen schwach düngen.

Überwinterung: Hell, aber kühl, bei 10 bis 12 °C. Luftfeuchtigkeit: 50 bis 60%.
Vermehrung: Durch Aussaat.
Schädlinge: Sind selten.
Extra-Tip: Die Becherprimel ruft Allergien hervor.

Passionsblume

Passiflora

M

Die Blüte der Passionsblume symbolisiert das Leiden Christi: Die Griffel sind die Kreuznägel, der Fadenkranz die Dornenkrone, die Staubbeutel die Wundmale, die Blätter ähneln Lanzen und die langen Ranken stellen Geißeln dar.
Von den rund 400 natürlichen Arten kommt *P. caerulea* aus Südamerika am häufigsten als Zimmerpflanze auf den Markt.
Blütezeit: Je nach Art von Mai bis September.
Standort: Sehr sonnig. Im Sommer möglichst draußen, im Zimmer sehr luftig. Etwas Schatten wird auch vertragen; allerdings blüht die Pflanze dann weniger reichlich.
Pflege: Im Sommer reichlich, im Winter weniger gießen. Von März bis August wöchentlich düngen. Die langen Triebe an ein Klettergerüst binden.
Überwinterung: Je nach Art zwischen 10 und 15 °C, hell. Luftfeuchtigkeit: 50 bis 60%.
Vermehrung: Durch Stecklinge oder Aussaat.
Schädlinge: Treten selten auf.
Extra-Tip: Passionsblumen im Frühjahr auf zwei bis drei Triebe zurückschneiden.

Schamblume

Aeschynanthus

M

Die Schamblume gehört zu den schönsten Ampelpflanzen. Sie hat glänzende grüne Blätter und ist zur Blütezeit übersät mit leuchtendroten, grüngelben oder orangefarbenen Röhrenblüten. Auf dem Markt sind verschiedene Arten und viele Hybriden, die sich aber in der Pflege nicht unterscheiden.
Blütezeit: Je nach Art von Mai bis September.
Standort: Sehr hell, aber ohne grelle Sommersonne, bei normaler Zimmertemperatur.

Pflege: Nur mäßig gießen, die Erde darf immer nur leicht feucht sein. Düngen sollte man von Mitte März bis Ende August alle zwei Wochen mit halber Portion.
Überwinterung: Zur Knospenbildung vier Wochen kühl, bei 15 °C, stellen und fast trocken halten. Luftfeuchtigkeit: 50 bis 60%.
Vermehrung: Durch Stecklinge im Frühsommer.
Schädlinge: Treten selten auf.
Extra-Tip: Nach Platzwechsel oder Temperaturschwankungen können Knospen fallen.

Schiefteller

Achimenes-Hybride

Der Schiefteller ist eine richtige Sommerpflanze. Im Winter, während der Ruhezeit, verliert er sein Laub. Im Frühjahr werden die Rhizome wieder neu angetrieben. Ihren Namen bekam die Pflanze, weil die tellerartig geformten Blüten bei genauer Betrachtung etwas schief in den Blattachseln sitzen. Der lateinische Name *Achimenes* bedeutet: Die Pflanze verträgt keine Kälte.
Blütezeit: Von Juni bis September.
Standort: Halbschattig und warm.
Pflege: Im Sommer mäßig gießen, ab September weniger, bis die Blätter welken, im Winter trocken halten. Düngen von April bis August wöchentlich.
Überwinterung: Warm, Rhizome überwintern trocken im Topf. Im Februar heller stellen und antreiben. Luftfeuchtigkeit: 50 bis 60%.
Vermehrung: Durch Teilung der Rhizome oder Stecklinge.
Schädlinge: Sind selten. Aber Viruskrankheiten können auftreten, zu erkennen an gelbgrünen Blattringen.
Extra-Tip: Nur entkalktes Wasser nehmen.

Topfrose

Rosa chinensis

Viele Namen haben die Rosen, die man im Sommer voll erblüht im Topf kaufen kann: Bengalrose, Chinesische Rose, Kußrose, Zwergrose. Zahllose Sorten gibt es, in vielen Blütenfarben. Alle sind sie winzig klein, aber perfekt in Blatt und Blüte.
Blütezeit: Von Juni bis September.
Standort: Sehr sonnig und luftig, im Sommer am besten draußen. Im Zimmer häufig lüften.
Pflege: Im Sommer normal gießen, im Winter sehr wenig. Düngen von März bis Anfang August alle zwei Wochen. Im Frühjahr alle Triebe kräftig zurückschneiden.

Überwinterung: Hell, sehr kühl, unter 10 °C. Luftfeuchtigkeit: 50 bis 60%.
Vermehrung: Durch Aussaat und Stecklinge.
Schädlinge: Blattläuse, Spinnmilben.
Extra-Tip: Welke Blüten abknipsen.

Spitzblume

Ardisia crenata

Die Spitzblume kommt aus Ostasien, wo sie als immergrüner Strauch wächst. Im Topf sieht sie wie ein kleiner Baum aus, der unterhalb der Krone im Sommer weiße oder rosa Blütenrispen und dann im Herbst leuchtendrote Beeren bekommt.
Zwar gibt es mehrere Arten. Fürs Zimmer wird aber nur *A. crenata* kultiviert.
Blütezeit: Im Juni/Juli. Die im Herbst wachsenden Beeren halten oft ein halbes Jahr und länger.
Standort: Hell, aber ohne grelle Sonne, und warm.
Pflege: Mäßig, aber regelmäßig gießen, mit entkalktem, zimmerwarmem Wasser. Düngen von März bis Ende August alle zwei Wochen.
Überwinterung: Hell und warm oder etwas kühler, nicht unter 15 °C. Luftfeuchtigkeit: über 60%.
Vermehrung: Durch Aussaat oder Stecklinge. Für Stecklinge Bewurzelungspräparate benutzen.
Schädlinge: Schild- und Wolläuse.
Extra-Tip: Damit sich viele Beeren bilden, kann man Spitzblumen selbst befruchten: Den Blütenstaub mit einem feinen Pinsel von einer Blüte auf die andere übertragen.

Usambaraveilchen

Saintpaulia ionantha

Kaum eine Pflanze hat so viele Freunde wie das Usambaraveilchen. Kaum eine Pflanze ist in so vielen Züchtungen auf dem Markt. Und kaum eine Pflanze blüht im Zimmer so unermüdlich wie das Usambaraveilchen – und das bei relativ wenig Pflege. Früher waren die meisten Usambaraveilchen blau. Heute gibt es sie nicht nur in Weiß und allen denkbaren Pastelltönen – auch das Aussehen und die Form der Blüten haben sich geändert. Neben den einfachblühenden Pflanzen mit glatten Blütenblättern finden Sie solche mit gefüllten Blüten, gekrausten Rändern, gewellten Blättern, mehrfarbigen Blüten. Und auch solche im Miniformat.
Blütezeit: Ganzjährig möglich.
Standort: Hell bis halbschattig, auch schattig. Warm. Vor Zugluft und kalten Füßen schützen.
Pflege: Während der Blüte reichlich gießen, sonst wenig. Düngen von März bis September alle zwei Wochen, sonst monatlich.

Überwinterung: Warm und nicht zu dunkel. Luftfeuchtigkeit: über 60%.
Vermehrung: Durch Blattstecklinge.
Schädlinge: Wolläuse.
Extra-Tip: Welkes mit einem Ruck aus der Rosette ziehen.

Wachsblume
Hoya

Blütendolden wie aus feinem Porzellan, mit einem intensiven, süßlichen Duft kennzeichnen die Wachsblume. Vor allem zwei Arten werden von der Ampelpflanze, die auch gern am Spalier wächst, verkauft: die kräftige *H. carnosa* und die zierliche *H. bella,* die mehr Wärme braucht.
Blütezeit: Von Mai bis September.
Standort: Hell bis halbschattig.
Pflege: Im Sommer mäßig gießen, im Winter noch weniger. Düngen von April bis Ende August alle drei Wochen, mit halber Portion.
Überwinterung: Hell, etwas kühler: *H. carnosa* 12–15 °C, *H. bella* 16–18 °C. Luftfeuchtigkeit: 50 bis 60%.
Vermehrung: Durch Stecklinge.
Schädlinge: Woll- und Schildläuse, Spinnmilben.
Extra-Tip: Wenn sich Knospen gebildet haben, die Wachsblume an ihrem Standort nicht mehr drehen.

Wüstenrose
Adenium obesum

Was in Blumengeschäften als Wüstenrose verkauft wird, ist fast immer ein bizarres Produkt der Züchter: Oben ein sukkulenter Stamm mit schmalen Blättern und auffallend schönen Blüten, unten ein dünnes Stämmchen vom Oleander als Propfunterlage. Diese Kombination hat ihren Sinn: Auf eigenen Wurzeln wachsen Wüstenrosen langsam und blühen längst nicht so prächtig wie in ihrer afrikanischen Heimat. Der Oleander sorgt für kräftiges Wachsen und mehr Blüten.
Blütezeit: Von April bis August.
Standort: Sehr sonnig und warm.

Pflege: Im Sommer reichlich, im Winter weniger gießen. Immer vor Staunässe schützen. Düngen von März bis Oktober alle zwei Wochen mit Kakteendünger.
Überwinterung: Hell und warm oder kühler, nicht unter 10 °C. Luftfeuchtigkeit: 50%.
Vermehrung: Durch Aussaat oder Stecklinge.
Schädlinge: Schildläuse.
Extra-Tip: Große Pflanzen kann man im Sommer kappen.

Weihnachtsstern
Euphorbia pulcherrima

Obwohl er, übers Jahr gesehen, nur kurze Zeit blüht, ist der Weihnachtsstern die meistverkaufte Blütenpflanze fürs Zimmer. Früher gab es die Sterne nur in Rot. Heute sind die Hochblätter auch weiß, creme, rosa oder zweifarbig getönt.
Blütezeit: Von Anfang November bis Ende Januar.
Standort: Sehr hell und warm. Im Sommer auch draußen, dann aber halbschattig.
Pflege: Während der Blüte reichlich gießen, danach etwas weniger. Ruhepause im April mit sehr wenig Wasser. Düngen von Juni bis September alle zwei Wochen. Rückschnitt Ende März/Anfang April.
Überwinterung: Hell und warm. Luftfeuchtigkeit: 60%.
Vermehrung: Durch Stecklinge im Sommer.
Schädlinge: Woll- und Schildläuse bei trockener Luft.
Extra-Tip: Achten Sie beim Kauf auf die Blüten zwischen den Hochblättern: Sie müssen frisch sein.

Zimmerkalla
Zantedeschia

Am besten wirkt eine Zimmerkalla, wenn sie einen Platz für sich allein hat, so daß ihre mächtigen Hochblätter richtig zur Geltung kommen. Drei verschiedene Arten gibt es als Zimmerpflanze. *Z. aethiopica* hat weiße Hochblätter, fleischige Rhizome, blüht im späten Winter. *Z. elliottiana* besitzt gelbe Hochblätter, hat Knollen, blüht im Frühsommer. Die rosafarbene *Z. rehmannii,* ebenfalls mit Knollen, blüht erst im August. Entsprechend den unterschiedlichen Blütezeiten variieren die Ruhezeiten.
Blütezeit: Je nach Art von Januar bis August.
Standort: Sonnig und warm, im Sommer auch draußen – dort aber regengeschützt.
Pflege: Während der Wachstums- und Blütezeit reichlich gießen und wöchentlich düngen. Zu Beginn der Ruhezeit immer weniger gießen, dann sechs Wochen trocken halten. Umtopfen und wieder antreiben.

Überwinterung: Hell und kühl, bei etwa 10 °C. *Z. aethiopica* Ende Dezember wärmer stellen, über 15 °C. Luftfeuchtigkeit: 50 bis 60%.
Vermehrung: Durch Aussaat oder Teilung.
Schädlinge: Spinnmilben.
Extra-Tip: Staunässe vermeiden.

Agave

Agave

M

Kleinere Agaven kann man auf die Fensterbank stellen; größere sind im Kübel auf der Terrasse besser aufgehoben. Sie gehören zu den pflegeleichten Pflanzen und fallen durch schöne Blätter auf. Zwar kann eine Agave auch blühen – aber das dauert einige Jahrzehnte. Agaven gibt es einfarbig grün, mit breitem hellen Mittelstreifen und auch mit feinen Fäden an den Blattenden.

Standort: Am besten von Ende Mai bis Oktober an einem sehr sonnigen Platz auf Balkon oder Terrasse.

Pflege: Im Sommer ein- bis zweimal pro Woche durchdringend gießen, im Winter nur so viel, daß die Erde nicht austrocknet. Von April bis September alle 14 Tage düngen. Einmal im Jahr Blätter entstauben.

Überwinterung: Hell, aber sehr kühl, bei Temperaturen von etwa 4 bis 6 °C.

Vermehrung: Ableger direkt an der Mutterpflanze abschneiden. Schnittstellen antrocknen lassen, dann in ein Erde-Sand-Gemisch stecken. Auch Aussaat ist möglich.

Schädlinge: Treten selten auf.

Extra-Tip: Für schmale Fensterbänke eignen sich besonders *A. filifera var. compacta* und *A. parviflora.*

Banane

Musa / Ensete

M

Bananen können Sie beim Wachsen zuschauen. Selbst aus Zwergarten werden bald Riesen, die ihren Besitzern über den Kopf wachsen. Als Zimmerpflanze werden meist zwei Arten angeboten: *Musa acuminata,* eine Zwergbanane aus Asien (auch auf den Kanarischen Inseln zu Hause), und *Ensete ventricosum,* eine Zierbanane aus Afrika.

Standort: Sehr sonnig. Im Hochsommer allerdings vor zu praller Mittagssonne schützen, denn die Blätter verbrennen leicht. Im Winter ist oft eine Zusatzbeleuchtung nötig. Bananen brauchen das ganze Jahr über viel Wärme; ideal sind Temperaturen zwischen 20 und 22 °C.

Pflege: Im Sommer sehr viel gießen, aber unbedingt nasse Füße vermeiden. Im Sommer wöchentlich, im Winter monatlich düngen. Junge Pflanzen häufig umtopfen.

Überwinterung: Hell und warm, über 18 °C. Luftfeuchtigkeit: 60 %.

Vermehrung: Durch Aussaat oder Schößlinge.

Schädlinge: Spinnmilben.

Extra-Tip: Trockene Blattspitzen und -ränder sind ein Zeichen für zu trockene Luft.

Australische Silbereiche

Grevillea

M

In ihrer Heimat Australien wird die Silbereiche bis zu fünfzig Meter hoch. Aber auch im Topf kann sie zwei, bei guter Pflege auch drei Meter erreichen. Die Blätter sehen den Farnen ähnlich, sind bei jungen Pflanzen hellgrün. Später werden sie dunkler. In Australien gibt es fast 200 Grevillea-Arten. Bei uns wird hauptsächlich *G. robusta* angeboten.

Standort: Halbschattig und kühl, im Sommer auch draußen. Im Zimmer für viel frische Luft sorgen.

Pflege: Im Sommer mäßig gießen, im Winter nur soviel, daß die Erde nicht austrocknet. Düngen von April bis September alle zwei Wochen.

Überwinterung: Hell und kühl, bei 8 bis 12 °C. Luftfeuchtigkeit: 50 bis 60%.

Vermehrung: Durch Aussaat und Stecklinge.

Schädlinge: Spinnmilben, Blattläuse.

Extra-Tip: Für buschigen Wuchs die Triebspitzen kappen.

Bergpalme

Chamaedorea

M

Sie ist eine der beliebtesten Palmen, dekorativ und ziemlich klein. Viele Jahre lang kann sie auf der Fensterbank stehenbleiben. Bei älteren Pflanzen aber werden die zierlichen Wedel oft derb und breit. Normalerweise blühen Palmen im Zimmer nicht. Die Bergpalme aber macht eine Ausnahme: Schon junge Pflanzen bekommen Rispen mit kleinen Blüten, die an Akazien erinnern.

Standort: Hell bis halbschattig, auf keinen Fall grelle Mittagssonne.

Pflege: Im Sommer reichlich gießen, aber Staunässe vermeiden. Im Winter mäßig gießen. An warmen Sommertagen gelegentlich übersprühen und etwa alle zwei Wochen tauchen. Düngen von Mitte März bis Ende August alle zwei Wochen, aber nur mit der halben sonst üblichen Portion.

Überwinterung: Nicht viel wärmer als bei 15 °C. Luftfeuchtigkeit: 50-60%.

Vermehrung: Durch Aussaat oder durch Schößlinge.

Schädlinge: Schildläuse, Spinnmilben.

Extra-Tip: Bergpalmen erst umtopfen, wenn die Wurzeln schon aus dem Bodenloch wachsen.

Birkenfeige

Ficus benjamina

M

Während die Birkenfeige in ihrer Heimat Indien, Java oder Bali ein hoher Baum mit breiter Krone werden kann, bleibt sie im Zimmer immer zierlich, mit sanft gebogenen Zweigen und glänzendgrünen, bei manchen Sorten auch panaschierten Blättern. Bei guter Pflege entwikkelt sie sich zum reichverzweigten Strauch oder auch zum meterhohen Bäumchen. Schön auch als Bonsai.

Standort: Sehr hell, aber ohne pralle Sonne. Das ganze Jahr über bei Zimmertemperatur. Zugluft vermeiden.

Pflege: Während der Wachstumszeit reichlich gießen, im Herbst und Winter weniger. Gedüngt wird, sowie sich die ersten neuen Blätter bilden, bis Ende August einmal pro Woche. Gelegentlich drehen, da Birkenfeigen immer dem Licht entgegenwachsen.

Überwinterung: Hell, bei Temperaturen über 18 °C. Luftfeuchtigkeit etwa 60%.

Vermehrung: Durch Stecklinge im Frühjahr.

Schädlinge: Schild- und Schmierläuse und Spinnmilben.

Extra-Tip: Buntblättrige Sorten sind empfindlicher als grüne, brauchen mehr Licht, Wärme und Luftfeuchtigkeit.

Bubiköpfchen

Soleirolia soleirolii

M

In seiner Heimat Sardinien und Korsika überzieht das Bubiköpfchen mit seinen kriechenden, verzweigten Trieben oft weite Strecken mit einem frischen grünen Blatteppich. Seinen deutschen Namen verdankt es seiner Eigenschaft als Topfpflanze: Nach kurzer Zeit hängen oft dichte Polster über den Topfrand, wie ein Bubiköpfchen. Ältere Bubiköpfchen werden oft so dicht, daß untere Blätter kein Licht mehr bekommen: Sie sterben ab. Dann ziehen Sie besser aus Stecklingen neue Pflanzen heran.

Standort: Sonnig bis schattig.

Pflege: Im Sommer reichlich gießen, immer von unten. Düngen von März bis August alle zwei Wochen.

Überwinterung: Kühl oder warm. Luftfeuchtigkeit: etwa 60%.

Vermehrung: Durch Stecklinge.

Schädlinge: Treten selten auf.

Extra-Tip: Je höher die Temperatur, umso heller muß der Standort sein.

Blattbegonie

Begonia Rex-Hybride und andere

M

Sie wird vor allem ihrer schön geformten und auffällig gefärbten Blätter wegen geliebt. Manche Arten überraschen aber auch mit kleinen oder großen, farbenprächtigen Blüten. Am bekanntesten ist die Rex-Begonie mit ungezählten Sorten in vielen Farben und Mustern. Fast alle sind anspruchslose Pflanzen. Nach einigen Jahren allerdings sehen viele Blattbegonien nicht mehr so gut aus. Dann sollte man sich Nachwuchs heranziehen.

Standort: Halbschattig oder schattig und warm.

Pflege: Während der Wachstumszeit reichlich gießen – so lange, bis das Wasser aus dem Bodenloch läuft. Nur lauwarmes, weiches Wasser nehmen. Düngen von Mitte März bis Ende August, etwa alle zwei Wochen.

Überwinterung: Begonien gedeihen vorzüglich im warmem Zimmer bei etwa 20 °C. Luftfeuchtigkeit: etwa 60%.

Vermehrung: Durch Blattstecklinge.

Schädlinge: Blattälchen, Blattläuse, Milben, Thripse. Mehltau und Grauschimmel bei falschem Standort.

Extra-Tip: Für Begonien sollten Sie flache Töpfe nehmen: Die Wurzeln gehen in die Breite, nicht in die Tiefe.

Corynocarpus

Corynocarpus laevigatus

M

Aus Neuseeland kommt der Corynocarpus oder Karakabaum. Deshalb wird er auch Neuseeland-Lorbeer genannt. Seine lederartigen Blätter ähneln von Form und Farbe her einem Gummibaum. Allerdings wächst der Karakabaum verzweigter. Der lateinische Name bedeutet übersetzt soviel wie „Keulenfrucht". Diese Früchte allerdings (die hochgiftige Samen enthalten) bekommt die Pflanze nur wildwachsend am Heimatstandort. Sehr häufig sieht man diese Pflanze bei uns noch nicht. Da sie aber sehr pflegeleicht ist, wird man ihr zukünftig sicher häufiger begegnen.

Standort: Sehr hell, auch sonnig, und warm. Im Sommer steht der Karakabaum auch gern im Freien.

Pflege: Im Sommer mäßig gießen. Im Winter die Erde nur vorm Austrocknen schützen. Von März bis August alle zwei Wochen düngen.

Überwinterung: Hell, aber sehr kühl, bei 5 bis 10 °C. Luftfeuchtigkeit: um 50%.

Vermehrung: Im Spätwinter oder Spätsommer durch Stecklinge.

Schädlinge: Schildläuse und Spinnmilben.

Extra-Tip: Jungpflanzen stutzen, damit sie buschig werden.

Dattelpalme

Phoenix

M

Wenn Sie eine ganz robuste Palme suchen, sollten Sie sich für die Dattelpalme entscheiden. Sie läßt sich im Zimmer ebensogut halten wie auf der Terrasse.

Die bekannteste Dattelpalme ist die Kanarische *(P. canariensis)* mit sehr steifen Fiedern. Die Echte Dattelpalme *(P. dactylifera)* wird fürs Zimmer oft zu groß. Die Zwergdattelpalme *(P. roebelenii)* ist empfindlicher und nur fürs Zimmer geeignet.

Standort: Sehr sonnig, mit viel frischer Luft. Zwergdattelpalme schattiger bei hoher Luftfeuchtigkeit.

Pflege: Von März bis September reichlich gießen, mit entkalktem Wasser, und wöchentlich düngen. Im Winter weniger gießen. Gelegentlich Wedel abwischen.

Überwinterung: Hell und kühl, bei 5 bis 10 °C, Zwergdattelpalme wärmer, nicht unter 16 °C. Luftfeuchtigkeit: 50–60%, Zwergdattelpalme: 60%.

Vermehrung: Durch Aussaat (Samen vorher einweichen).

Schädlinge: Schildläuse bei zu warmem Stand.

Extra-Tip: Ein kräftiger Wurzelschnitt beim Umtopfen läßt die Palmen langsamer wachsen. Sie bleiben so länger klein und passend fürs Zimmer.

Drachenbaum

Dracaena

M

Man kann sich kaum vorstellen, daß sie alle zu einer Familie gehören – so viele verschiedene Drachenbäume gibt es. Manche haben einen Stamm, andere keinen. Viele Blätter sind breit, einige schmal. Sie sind einfarbig grün oder bunt gestreift: Silbern, grau, golden, weiß oder rosa je nach Art und Sorte. Mit zunehmendem Alter ähnelt ein Drachenbaum einer Palme. Am einfachsten zu behandeln ist *D. fragrans.* Am meisten Schatten verträgt *D. marginata.* Einen kühlen Winterplatz schätzt *D. draco.* Höhere Luftfeuchtigkeit brauchen *D. sanderiana* und *D. surculosa.*

Standort: Halbschattig bis schattig, ohne Zugluft.

Pflege: Im Sommer normal, im Winter weniger gießen. Düngen von März bis Ende August alle zwei Wochen.

Überwinterung: Je nach Art bei 12 bis 20 °C. Luftfeuchtigkeit: 50 bis 60%.

Vermehrung: Durch Aussaat. Stecklinge, Stammstücke.

Schädlinge: Sind selten.

Extra-Tip: Braune Blattspitzen vorsichtig abschneiden.

Dieffenbachie

Dieffenbachia

M

Etwa 30 verschiedene Dieffenbachia-Arten gibt es. Als Zimmerpflanze werden vor allem drei gehalten: die anspruchslose *D. maculata* mit vielen buntblättrigen Sorten, die hochwachsende *D. amoena* und die grünblättrige *D. humilis.* Ältere Pflanzen können sogar Blüten bekommen, diese sind aber unscheinbar.

Standort: Hell, aber nicht sonnig. Grüne Arten und Sorten vertragen auch Schatten. Vor Zugluft schützen.

Pflege: Im Sommer reichlich gießen, am besten mit entkalktem Wasser, im Winter etwas weniger. Düngen von April bis Ende August wöchentlich. Gelegentlich die großen Blätter feucht abwischen.

Überwinterung: Bei Zimmertemperatur, nie unter 17 °C. Luftfeuchtigkeit: über 60%. Je dünner die Blätter sind, umso feuchter muß die Luft sein.

Vermehrung: Durch Stecklinge und Stammstücke.

Schädlinge: Spinnmilben und Thripse.

Extra-Tip: Kahle Pflanzen auf 10 cm zurückschneiden.

Duftpelargonie

Pelargonium x citrosmum und andere

M

Zwar bekommen die Duftpelargonien im Sommer recht hübsche kleine Blüten. Das Besondere an ihnen aber sind die Blätter: Wenn man darüberstreicht, riechen sie je nach Art und Sorte nach Minze oder Mandel, Apfel oder Zitrone, Rose oder Kiefer. Insgesamt gibt es bei diesen Pflanzen wohl über 50 Duftnoten. Manche Duftpelargonien bleiben klein, behalten Fensterbankformat. Andere wachsen zu größeren Kübelpflanzen heran. Zitronenpelargonie *(C. x citrosmum)*, Rosenpelargonie *(P. radens)* und einige andere bekommt man im Blumengeschäft. Das gesamte Duftsortiment führen Spezialgärtnereien.

Standort: Sonnig bis halbschattig und luftig. Im Sommer auch draußen, dann aber windgeschützt.

Pflege: Im Sommer reichlich, im Winter weniger gießen. Düngen von März bis Ende August wöchentlich. Im zeitigen Frühjahr oder im Herbst kräftig zurückschneiden.

Überwinterung: Hell und kühl, bei etwa 12 °C. Luftfeuchtigkeit: um 50%.

Vermehrung: Durch Stecklinge.

Schädlinge: Sind selten.

Extra-Tip: Hübsch sind auch Blattpelargonien mit bunt gemustertem Laub.

Efeu

Hedera helix

Efeu kann man im Zimmer dekorativ aus Ampeln herabhängen oder am Spalier nach oben klettern lassen. Neben der bekannten grünen Form gibt es auch viele Sorten mit buntem Laub und anderen Blattformen. Leider ist der Zimmerefeu bei weitem nicht so robust wie Efeu im Garten.

Standort: Halbschattig bis schattig und luftig. Im Sommer auch gern draußen.

Pflege: Das ganze Jahr über nur soviel gießen, daß die Erde nicht austrocknet, mit entkalktem Wasser. Düngen von März bis Ende August wöchentlich mit halber Portion.

Überwinterung: Nicht zu dunkel und sehr kühl, zwischen 12 und 15 °C. Luftfeuchtigkeit: 50 bis 60%.

Vermehrung: Durch Stecklinge oder Absenker.

Schädlinge: Spinnmilben und Schildläuse.

Extra-Tip: Bunte Sorten brauchen mehr Licht und Wärme als grünblättrige.

Efeutute

Epipremnum pinnatum

Bei guter Pflege bekommt die Efeutute meterlange Ranken. Und das an fast jedem Platz, ohne besondere Ansprüche zu stellen. An allem, woran sie sich hochziehen kann, klammert sie sich fest. Aber auch aus einer Ampel hängend wirkt sie sehr dekorativ.

Die Efeutute ähnelt dem Philodendron, gehört wie dieser zur Familie der Aronstabgewächse und stammt aus den Urwäldern Asiens. Sie hat herzförmige, ledrige Blätter mit unregelmäßigen Streifen und Flecken.

Standort: Halbschattig und warm.

Pflege: Mäßig gießen, die Erde aber nie austrocknen lassen. Düngen von März bis Oktober einmal im Monat. Rückschnitt im Frühjahr, damit die Pflanze sich mehr verzweigt.

Überwinterung: Warm oder kühler, bis 12 °C, und hell. Luftfeuchtigkeit: 50–60%.

Vermehrung: Durch Stecklinge.

Schädlinge: Sind selten.

Extra-Tip: Ebenfalls Efeutute genannt wird die sehr empfindliche, ähnliche Kletterpflanze *Scindapsus pictus*.

Efeuaralie

x Fatshedera lizei

Die Natur kennt die Efeuaralie nicht. Es handelt sich dabei um eine Kreuzung aus Efeu und Zimmeraralie, die 1912 in Frankreich entstanden ist. Vom Efeu hat die Pflanze den leicht kletternden Wuchs geerbt, von der Aralie die handförmigen Blätter. Inzwischen wurde neben der grünblättrigen Sorte auch eine mit weißgrünen Blättern gezogen.

Standort: Hell bis halbschattig – die bunte Sorte braucht etwas mehr Licht als die grünlaubige. Im Sommer auch gern draußen.

Pflege: Im Sommer normal, im Winter etwas weniger gießen. Düngen von Mitte März bis Ende August alle zwei Wochen. Rückschnitt beim Umtopfen möglich.

Überwinterung: Hell und möglichst kühler, bei 15 °C. Überwintern die Pflanzen warm, muß gesprüht werden. Luftfeuchtigkeit: 50 bis 60%.

Vermehrung: Durch Stecklinge.

Schädlinge: Spinnmilben und Schildläuse bei zu hohen Wintertemperaturen und zu trockener Luft.

Extra-Tip: Rückschnitt sorgt für bessere Verzweigung.

Fensterblatt

Monstera deliciosa

Große, glänzende, lederartige Blätter mit Löchern oder tiefen Schlitzen produziert das Fensterblatt. Durch diese „Fenster" unterscheidet es sich vom Philodendron, mit dem es oft verwechselt wird. Typisch sind auch die Luftwurzeln am Stamm. Damit klettert das Fensterblatt im heimatlichen Urwald an Bäumen hoch. Im Zimmer allerdings muß die Pflanze an eine Stütze gebunden werden.

Das Fensterblatt gehört zu den pflegeleichten Zimmerpflanzen. Es kann ein Menschenleben überdauern und wird im Laufe der Jahre immer stattlicher. Ältere Pflanzen können lange Fruchtkolben bekommen. Diese sind aber hochgiftig wie übrigens die ganze Pflanze.

Standort: Halbschattig bis schattig und warm. Wachsen fensterlose Blätter, ist es zu dunkel.

Pflege: Im Sommer reichlich gießen, im Winter weniger. Von März bis Ende August wöchentlich düngen.

Überwinterung: Warm oder kühl, nicht unter 12 °C. Luftfeuchtigkeit: 50 bis 60%.

Vermehrung: Durch Abmoosen, Stecklinge, Stammstücke.

Schädlinge: Sind selten.

Extra-Tip: Nie die Luftwurzeln beschädigen.

Fetthenne

Sedum-Arten

Die meisten Leute kennen diese Dickblattgewächse aus dem Steingarten. Es gibt unter ihnen aber auch hübsche Zimmerpflanzenarten: etwa die Affenschaukel *(S. morganianum)* mit langen, hängenden Trieben, *S. sieboldii* mit rotgerandeten Blättern und noch einige andere Arten.
Standort: Sonnig, im Sommer auch draußen.
Pflege: Im Sommer mäßig gießen, im Winter fast trocken halten. Von März bis Ende August monatlich Kakteendünger geben. Bei zuviel Wasser fault die Pflanze, zuviel Dünger verändert die Pflanzengestalt.
Überwinterung: Sehr kühl, am besten unter 10 °C. Luftfeuchtigkeit: unter 50%.
Vermehrung: Durch Stecklinge.
Schädlinge: Treten selten auf.
Extra-Tip: Stecklinge vorm Stecken antrocknen lassen.

Fingeraralie

Schefflera, früher Dizygotheca

Anmutig und elegant sieht die Fingeraralie aus mit ihren schmalen Blättchen und dem schlanken Wuchs. Junge Pflanzen sind kupferrot. Bei älteren werden die Blättchen breiter und blauschwarz. Die Fingeraralie kann unter idealen Bedingungen auch im Zimmer fast zwei Meter groß werden. Allerdings ist sie nicht ganz pflegeleicht.
Seit neuem gehört die Pflanze zur Gattung *Schefflera* (früher *Dizygotheca*). Als Zimmerpflanzen gibt es zwei Arten: *S. elegantissima* mit tiefgezähnten Blattfiedern und *S. veitchii* mit gewellten, speerartigen Blattfiedern.

Standort: Warm und halbschattig, ohne Zugluft.
Pflege: Stets gleichmäßig gießen, mit entkalktem, zimmerwarmem Wasser. Düngen von März bis Ende August alle zwei Wochen.
Überwinterung: Warm. Luftfeuchtigkeit: über 60%.
Vermehrung: Durch Aussaat oder Stecklinge.
Schädlinge: Spinnmilben, Schild- und Wolläuse.
Extra-Tip: Temperaturschwankungen vermeiden.

Fiederaralie

Polyscias

Viele Arten der Fiederaralie sind nur fürs Gewächshaus geeignet. Die kräftigsten aber kommen auch im Zimmer gut zurecht, wenn Sie ihnen stets eine hohe Luftfeuchtigkeit garantieren. Besonders attraktiv ist *P. guilfoylei* mit tief eingeschlitzten Blättern. Rundliche Blättchen mit weißen Rändern oder Flecken besitzt *P. scutellaria* und *P. cumingiana* erkennt man an ihren rötlichen Zweigen.
Standort: Hell bis halbschattig, ohne grelle Sonne. Warm. Zugluft vermeiden.
Pflege: Im Sommer normal gießen, im Winter etwas weniger, nur mit entkalktem, zimmerwarmem Wasser. Von März bis Ende August alle zwei Wochen kalkfrei, am besten mit Azaleendünger, düngen. Das Wichtigste aber ist sehr häufiges Sprühen – oder eine andere Art der Luftbefeuchtung.
Überwinterung: Bei 18 °C. Luftfeuchtigkeit: über 60%.
Vermehrung: Durch Stecklinge (aber schwierig).
Schädlinge: Spinnmilben, Schildläuse.
Extra-Tip: Die Pflanze verträgt viele Spritzmittel nicht. Benutzen Sie biologische Schädlingsbekämpfungsmittel.

Flaschenbaum

Beaucarnea recurvata

Der Flaschenbaum, auch Wasserpalme oder Elefantenfuß genannt, hat für trockene Zeiten immer sein eigenes Wasserreservoir dabei: eine dicke Speicherknolle am unteren Ende des Stammes. Allerdings dauert es einige Jahre, bis sich der chiantiflaschenförmige Stamm bildet. Bei jungen Pflanzen wachsen die schmalen Blätter direkt aus der Knolle.
Standort: Sonnig, im Sommer auch windgeschützt draußen.
Pflege: Im Sommer reichlich, im Winter mäßig gießen. Von April bis September alle drei Wochen mit halber Portion düngen. Einen Flaschenbaum nur selten umtopfen.

Überwinterung: Hell, aber kühl, bei 8 bis 10 °C. Luftfeuchtigkeit: 50 bis 60%.
Vermehrung: Durch Aussaat oder durch Seitentriebe.
Schädlinge: Treten selten auf.
Extra-Tip: Eine gute Drainage ist beim Flaschenbaum besonders wichtig.

Frauenhaarfarn

Adiantum

Seinen Namen bekam dieser Farn, weil sein zartes, blaßgrünes Laub an feines Frauenhaar erinnern soll. Die Stiele allerdings sind nicht sehr fein, sondern schwarz und richtig drahtig. Die bekanntesten Zimmerarten sind *A. raddianum* mit mehreren Sorten und *A. tenerum*.

Standort: Halbschattig bis schattig und warm.

Pflege: Gleichmäßig gießen, im Sommer mehr als im Winter, mit entkalktem, zimmerwarmem Wasser. Düngen von März bis Ende August alle drei Wochen mit halber Portion.

Überwinterung: Warm, nie unter 18 °C. Luftfeuchtigkeit: über 60%. Nicht besprühen!

Vermehrung: Durch Teilung oder Sporenaussaat.

Schädlinge: Blattläuse, Trauermücken.

Extra-Tip: Bei einem vertrockneten Farn zur Rettung alle Wedel abschneiden, in lauwarmes Wasser tauchen, warm und luftfeucht aufstellen.

Geweihfarn

Platycerium

Wie eine Skulptur im Topf sieht der skurril geformte Geweihfarn aus. Er besitzt zwei Blattsorten: breite grüne Wedel, bis zu 80 cm lang, die sich am Ende in eine Art Geweihsprosse teilen und braune Mantelblätter, die den Wurzelstock umhüllen. Die braunen dürfen, auch wenn sie welk aussehen, nie abgenommen werden, die grünen nie von ihrer wachsartigen Schicht befreit werden.

Als Zimmerpflanzen werden *P. bifurcatum, P. grande, P. hillii* und *P. willinckii* kultiviert, die sich alle ziemlich ähnlich sehen.

Standort: Halbschattig bis schattig und warm.

Pflege: Im Sommer mäßig gießen, besser noch: einmal pro Woche tauchen. Im Winter weniger gießen. Von März bis September einmal im Monat mit halber Portion düngen.

Überwinterung: Warm oder auch kühler, bei 16 bis 18 °C. Luftfeuchtigkeit: unter 50%.

Vermehrung: Durch Sporenaussaat (schwierig) oder Seitentriebe, die manchmal zwischen den Mantelblättern wachsen.

Schädlinge: Schildläuse.

Extra-Tip: Keine Pflanzenschutzmittel benutzen.

Geldbaum

Crassula arborescens

Zu den ganz pflegeleichten Zimmerpflanzen gehört der Geldbaum aus der Familie der Dickblattgewächse. Dickfleischig und rundlich-oval sind die kleinen Blättchen, glänzendgrün oder auch silbergrau. Ein Geldbaum wird sehr alt und wächst im Laufe der Jahre zu einem meterhohen kräftig verzweigten Bäumchen heran. Ältere Geldbäume bekommen, wenn sie nicht zu dunkel stehen, kleine weiße Blüten.

Standort: Sonnig und warm, im Sommer auch draußen. Im Freien halbschattig und regengeschützt aufstellen.

Pflege: Im Sommer mäßig gießen, im Winter fast trocken halten. Von Anfang März bis Ende August einmal monatlich Kakteendünger geben.

Überwinterung: Hell und kühl, bei 10 bis 12 °C. Luftfeuchtigkeit: unter 50%.

Vermehrung: Durch Stecklinge. Abgefallene Triebspitzen wurzeln oft schon von allein in der Topferde.

Schädlinge: Wolläuse bei zu warmem Winterplatz.

Extra-Tip: Für die schwere Pflanze auch schwere, standfeste Töpfe benutzen. Eventuell zusätzlich beschweren.

Grünlilie

Chlorophytum comosum

Die Grünlilie ist eine richtige Anfänger-Pflanze. Denn ob es warm ist oder kühl, sonnig oder schattig, feucht oder trocken – sie wächst und gedeiht. Manchmal wird sie deshalb auch „Sekretärinnenblume" genannt: weil sie ein Wochenende allein im Büro gut übersteht.

Ausgewachsene Pflanzen bekommen im Frühjahr lange, hängende Stiele, an denen zuerst unscheinbare, weißgrüne Blüten sitzen. Später bilden sich dort kleine Ableger.

Standort: Wächst überall, im Sommer auch draußen.

Pflege: Im Sommer normal gießen, aber Staunässe vermeiden. Im Winter etwas weniger gießen. Von März bis September wöchentlich düngen.

Überwinterung: Warm oder kühl. Luftfeuchtigkeit: unter 50%.

Vermehrung: Durch Teilung oder Kindel.

Schädlinge: Blattläuse, Spinnmilben.

Extra-Tip: Umtopfen, wenn die Wurzeln aus der Erde schauen.

Gummibaum

Ficus elastica

Der Gummibaum ist der bekannteste Vertreter einer riesengroßen Pflanzenfamilie. Die Birkenfeige (S. 165) gehört dazu, die Geigenfeige *(F. lyrata)* mit ihren riesigen Blättern, die Kletterfeige *(F. pumila)* und viele andere. Ihnen allen gemeinsam ist der Milchsaft, durch den der Gummibaum bekannt wurde. Ein Gummibaum stößt oft schon nach einigen Jahren an die Decke. Dann kann man ihn abmoosen. Macht man nichts, knickt er ab und wächst unter der Decke weiter.

Standort: Halbschattig bis schattig und warm.
Pflege: Im Sommer normal, im Winter weniger gießen. Unbedingt Staunässe vermeiden. Von April bis Ende August alle zwei Wochen düngen. Öfter die Blätter feucht abwischen. Zu große Pflanzen kann man kürzen.
Überwinterung: Hell, warm oder auch etwas kühler, nicht unter 16 °C. Luftfeuchtigkeit: etwa 50%.
Vermehrung: Durch Aussaat, Stecklinge, Abmoosen.
Schädlinge: Schildläuse und Spinnmilben.
Extra-Tip: Blutende Wunden an der Pflanze mit Holzkohlepulver bepudern.

Hypoestes

Hypoestes phyllostachya

Die Hypoestes sieht aus, als ob ein Maler seinen Pinsel ausgeschüttelt hat: Lauter kleine Punkte oder größere Flecken, in Weiß oder Rosa, breiten sich auf den kleinen Blättern aus. Dieser Pünktchen wegen wird die Pflanze auch Punktblatt oder Punktblume genannt. Lange Zeit war die Pflanze in Vergessenheit geraten. Erst eine neue Sorte mit besonders viel Rosa verhalf ihr zu neuer Beliebtheit. Oft wird die Hypoestes schon nach kurzer Zeit unansehnlich. Dann sollten Sie aus Stecklingen neue Pflanzen heranziehen und die Mutterpflanze wegwerfen.

Standort: Hell, bei normaler Zimmertemperatur.

Pflege: Das ganze Jahr über mäßig gießen, mit zimmerwarmem, entkalktem Wasser. Von März bis Ende August etwa alle drei Wochen düngen. Häufig zurückschneiden.
Überwinterung: Hell und warm. Luftfeuchtigkeit: 60%.
Vermehrung: Durch Aussaat oder Stecklinge.
Schädlinge: Sind selten.
Extra-Tip: Im Schatten verliert sie ihre Farbpunkte.

Huckepackpflanze

Tolmiea menziesii

Henne mit Küken, Mutter mit Kind, Huckepackpflanze – alle deutschen Namen der *Tolmiea* beziehen sich auf ihre Vermehrung: Am Ansatz älterer Blätter wachsen vollständig ausgebildete Jungpflanzen, die wurzeln, sowie sie mit Erde in Berührung kommen. Die Huckepackpflanze bildet kleine dichte Büsche aus zartgrünen, behaarten Blättern, wird etwa 30 cm hoch und 40 cm breit. In ihrer Heimat bekommt sie auch kleine, unscheinbare, grüne bis bräunliche Blüten, als Zimmerpflanze jedoch nicht.

Standort: Hell, halbschattig oder schattig, luftig. Im Sommer auch draußen, dann aber regengeschützt.
Pflege: Im Sommer reichlich gießen, gelegentlich auch tauchen. Im Winter erst dann gießen, wenn sich die Erde bereits trocken anfühlt. Düngen sollte man von Mitte März bis Ende August alle zwei Wochen.
Überwinterung: Warm oder kühl, nicht unter 10 °C. Luftfeuchtigkeit: etwa 50%.
Vermehrung: Durch Brutpflanzen oder Teilung.
Schädlinge: Spinnmilben und Wolläuse.
Extra-Tip: Die Pflanze braucht Platz, um sich auszubreiten.

Judenbart

Saxifraga stolonifera

Wer Pflanzen mag, die etwas ungewöhnlich aussehen, wird sich für den Judenbart begeistern können. Zwischen seinen rundlichen, behaarten Blättern wachsen fadendünne Stiele hervor, die einen halben Meter lang über den Topfrand hängen. An deren Enden sitzen komplette Jungpflanzen, die man nur noch abnehmen und eintopfen muß. Die übliche Art hat Blätter, die von oben grün, von unten rotviolett sind. Inzwischen gibt es auch eine bunte Sorte.

Standort: Hell bis halbschattig, aber ohne grelle Sonne. Sehr luftig, im Sommer auch draußen.

Pflege: Den Sommer über mäßig, im Winter noch weniger gießen. Von März bis Ende August wöchentlich düngen.
Überwinterung: Hell und kühl, unter 10 °C. Luftfeuchtigkeit: 50%.
Vermehrung: Ganz einfach durch Kindel.
Schädlinge: Blattläuse.
Extra-Tip: Die bunte Sorte wärmer und luftfeuchter stellen.

Kaladie

Caladium-Hybriden

Den ganzen Sommer über zeigt die Kaladie oder Buntwurz prächtig gemusterte Blätter in Rot, Grün oder Creme. Im Herbst aber welken sie alle ab, und nur die Knolle überwintert im Topf.
Fürs Zimmer verkauft werden *Caladium-Bicolor-Hybriden* und die pfeilförmigen *Caladium-Schomburgkii-Hybriden.*
Standort: Hell, aber ohne direkte Sonne, und warm.
Pflege: Im Sommer reichlich gießen, mit entkalktem, zimmerwarmem Wasser. Ab September weniger, damit das Laub welkt. Von November bis Februar gar nicht mehr gießen. Dann die Knolle wieder antreiben. Düngen von April bis Ende August alle zwei Wochen.
Überwinterung: Hell oder dunkel und warm, bei etwa 20 °C. Luftfeuchtigkeit: über 60%.
Vermehrung: Durch Aussaat oder Knollenteilung.
Schädlinge: Blattläuse. Auch Wurzelfäule tritt auf.
Extra-Tip: Nie die Blätter befeuchten!

Keulenlilie

Cordyline

Die Keulenlilie gibt es in vielen prächtigen Farben: Je nach Art hat sie grüne, purpurrote, gelbe, manchmal auch dreifarbige, lange, schlanke Blätter. Die meisten Keulenlilien bekommen einen kleinen Stamm, können bis zu einem Meter hoch werden. Man unterscheidet bei dieser Gattung Warm- und Kalthauspflanzen. Die populärste Art, *C. fruticosa,* gehört zur ersten, anspruchsvollen Gruppe. Zu den robusteren Kalthauspflanzen zählen *C. australis, C. indivisa, C. rubra* und *C. stricta.*
Standort: Hell bis halbschattig, aber nicht zu dunkel, sonst vergrünen die Blätter. Vor Sonne schützen.

Pflege: Mäßig, aber regelmäßig gießen, Kalthauspflanzen im Winter weniger. Düngen von März bis September monatlich.
Überwinterung: *C. fruticosa* warm, die anderen kühl, bei 12° C. Luftfeuchtigkeit: über 60%.
Vermehrung: Durch Stecklinge und Stammstücke.
Schädlinge: Schildläuse, Spinnmilben, Thripse.
Extra-Tip: Robuste Arten im Sommer nach draußen stellen.

Kentiapalme

Howeia

In ihrer Heimat, der Lord-Howe-Insel im Stillen Ozean, wird die Kentiapalme über sechs Meter hoch. Auch im Topf kann sie mehr als zwei Meter erreichen, braucht dazu aber einige Jahre. Sie ist relativ pflegeleicht, hat eine lange Lebensdauer und sieht dekorativ aus. Zwei Arten gibt es, die sich sehr ähneln und gleich gepflegt werden: *H. belmoreana* und *H. forsteriana.*
Kentiapalmen kann man in vielen Größen kaufen: vom preiswerten Jungpflänzchen bis zur ausgewachsenen Palme.
Standort: Halbschattig bis schattig, luftig. Im Sommer auch gern draußen.
Pflege: Im Sommer reichlich gießen, im Winter weniger. Von März bis Ende August wöchentlich düngen. Vertrocknete Wedel am Stamm abschneiden.
Überwinterung: Nicht zu dunkel und kühl, bei 14 bis 18 °C. Luftfeuchtigkeit: 50 bis 60%.
Vermehrung: Durch Aussaat (langwierig).
Schädlinge: Schildläuse, Spinnmilben, Wolläuse.
Extra-Tip: Im Sommer gelegentlich tauchen.

Klimme

Cissus

Zu den Klimmen, den Weingewächsen ohne Trauben, gehören die unterschiedlichsten Formen: kletternde und hängende Pflanzen mit grünen oder bunten Blättern, aber auch dickstämmige oder lianenartige Sukkulenten. Fürs Zimmer werden vor allem die holzigen Kletterer verwendet. Am bekanntesten ist der Känguruhwein *(C. antarctica)* aus Australien. Ganz robust ist der Königswein *(C. rhombifolia)* aus Mexiko. Zu den empfindlichen Arten gehört *C. discolor* aus Java.
Standort: Hell bis halbschattig. Königswein verträgt auch Schatten. Nie der grellen Sonne aussetzen.
Pflege: Gleichmäßig gießen, im Winter weniger als im Sommer. Von März bis Ende August alle zwei Wochen düngen.
Überwinterung: Warm, Königswein und Känguruhklimme auch kühler, um 10 °C. Luftfeuchtigkeit: je nach Art 50 bis 60%.

Vermehrung: Durch Stecklinge.
Schädlinge: Sind selten.
Extra-Tip: Die Blätter öfter abwischen.

Kolbenfaden

Aglaonema

Alle Kolbenfaden-Arten sehen sich ähnlich: Sie haben große, kurzstielige Blätter, grünlich-weiß oder mit leichtem Silberschimmer, gestreift oder gefleckt, immer aber prächtig gezeichnet.
Die häufigste Zimmerart ist *A. commutatum* mit vielen Sorten. Klein und gedrungen wächst *A. costatum*. *A. pictum* ist besonders auffallend gefleckt. Ganz robust ist die Art *A. crispum*.
Standort: Warm, halbschattig bis schattig. Je bunter die Blätter sind, umso mehr Licht ist notwendig.
Pflege: Im Sommer reichlich gießen, im Winter etwas weniger, nur mit entkalktem, zimmerwarmem Wasser. Düngen von März bis Ende August alle zwei Wochen.
Überwinterung: Warm und nicht zu dunkel. Luftfeuchtigkeit: 50 bis 60%.
Vermehrung: Durch Teilung, Stecklinge, Aussaat.
Schädlinge: Schild- und Wolläuse, Spinnmilben.
Extra-Tip: Nie die Blätter ansprühen; viele bekommen sofort Flecken. Besser ist ein Luftbefeuchter oder ein mit Kies und Wasser gefüllter Untersatz.

Kroton

Codiaeum variegatum

Die Farben des Krotons erinnern an einen herbstlichen Laubwald: Sie reichen von Gelb über Hellgrün, Orange und Rot bis Schwarz – und das manchmal auf einem einzigen Blatt. Genauso abwechslungsreich sind die Blattmuster – marmoriert, geädert, gesprenkelt – und die Formen: groß und oval, gelappt, klein, riemenförmig. Durch die vielen Züchtungen ist die Pflanze robuster geworden.
Der Kroton, auch als Wunderstrauch bekannt, gehört zu den Wolfsmilchgewächsen. Er enthält einen Milchsaft, der bei manchen Leuten Hautreizungen auslösen kann.
Standort: Sehr hell, aber vor greller Sonne schützen. Steht der Kroton zu dunkel, verblassen seine Farben.

Pflege: Normal gießen, im Winter etwas weniger. Von März bis Ende August wöchentlich mit halber Portion düngen.
Überwinterung: Hell und warm, nie unter 16 °C. Luftfeuchtigkeit: über 60%.
Vermehrung: Durch Stecklinge.
Schädlinge: Schild- und Wollläuse, Spinnmilben.
Extra-Tip: Blätter entstauben.

Korbmarante

Calathea

Die Korbmarante ist eng verwandt mit Pfeilwurz *(Maranta)* und Stromanthe. Alle drei ähneln sich im Aussehen, und alle sind gleichermaßen schwierig zu pflegen. Fürs Zimmer gibt es mehrere Arten mit unterschiedlichen Mustern. Eine Ausnahme unter den Blattpflanzen ist *C. crocata*, die im Frühjahr schöne orangefarbene Blüten bekommt.
Standort: Halbschattig, ohne grelle Sonne, sonst leiden die Blätter. Ganzjährig warm; wichtig ist auch Bodenwärme. Vor Zugluft schützen!
Pflege: Mäßig, aber regelmäßig gießen, im Winter etwas weniger, immer mit entkalktem, zimmerwarmem Wasser. Prüfen Sie vorm Gießen immer erst mit dem Daumen, ob die Erde schon leicht angetrocknet ist. Düngen von März bis September alle zwei Wochen.
Überwinterung: Hell und warm, nie unter 18 °C. Luftfeuchtigkeit: über 60% – häufig sprühen.
Vermehrung: Durch Teilung oder Stecklinge.
Schädlinge: Spinnmilben und Schildläuse. Auch viele Blattschäden durch falschen Platz oder falsche Pflege.
Extra-Tip: Ideal sind Töpfe, die breiter als hoch sind.

Madagaskarpalme

Pachypodium

Das sukkulente Hundsgiftgewächs aus Madagaskar gehört zu den ganz pflegeleichten Zimmerpflanzen. Während viele andere Sukkulente im Winter kühl stehen wollen, verträgt die Madagaskarpalme auch trockene, warme Heizungsluft. Die Pflanze wächst sehr langsam, kann aber meterhoch werden. Ältere Pflanzen bekommen weiße Blüten.
Fürs Zimmer kommen nur zwei Arten in Frage: *P. geayi* mit schmalen, silbergrauen und *P. lamieri* mit breiteren, grünen Blättern.
Standort: So sonnig wie möglich und warm. Im Sommer auch draußen, dann aber windgeschützt.
Pflege: Das ganze Jahr über nur mäßig gießen. Düngen von Mai bis August monatlich mit Kakteendünger. Wird jährlich umgetopft, nicht düngen.

Überwinterung: Sehr hell und warm, Temperaturen über 18 °C. Luftfeuchtigkeit: unter 50%.
Vermehrung: Durch Aussaat (Samen ist aber selten).
Schädlinge: Treten selten auf. Wurzelfäule und Blattfall durch zuviel Wasser.
Extra-Tip: Die Pflanze kann auch in Heizungsnähe stehen.

Myrte

Myrtus communis

In den Mittelmeergebieten wächst die Myrte als meterhoher Strauch mit immergrünen Blättern. Im Topf hat sie meist Fensterbankformat, kann aber auch im Laufe der Jahre zur Kübelpflanze heranwachsen. Das Besondere an der Myrte ist der Duft: zum einen von den glänzenden Blättchen, zum anderen von den kleinen weißen Blüten im Sommer. Myrten gibt es auch als Bäumchen.
Standort: Sonnig und luftig, im Sommer auch draußen.
Pflege: Im Sommer normal, im Winter weniger gießen. Myrten im Freien brauchen etwas mehr Wasser als jene im Zimmer. Unbedingt entkalktes Wasser nehmen. Düngen von März bis September wöchentlich. Ein Rückschnitt der Pflanze ist jederzeit möglich.
Überwinterung: Hell und sehr kühl, bei Temperaturen um 5 °C. Luftfeuchtigkeit: 50 bis 60%.
Vermehrung: Durch Stecklinge.
Schädlinge: Schildläuse und Weiße Fliegen.
Extra-Tip: Myrten kann man wie Buchsbaum in Form schneiden. Allerdings blüht die Pflanze dann kaum.

Palisanderbaum

Jacaranda mimosifolia

Fünfzehn bis zwanzig Meter hoch wird der Palisanderbaum in seiner Heimat Argentinien. Aber auch bei uns kann er im Kübel stolze drei Meter erreichen. Am hübschesten allerdings sehen jüngere, kleinere Pflanzen aus: Sie haben ganz zierliche hellgrüne Blättchen. Wildwachsend bekommt ein Palisanderbaum auch winzige Blüten; als Topfpflanze blüht er so gut wie nie.
Standort: Halbschattig und warm, ohne grelle Sonne.
Pflege: Immer mäßig gießen, im Winter noch weniger als im Sommer, nur mit entkalktem, zimmerwarmem Wasser. Düngen von März bis Ende August alle zwei Wochen mit Azaleendünger.

Überwinterung: Hell und etwas kühler, bei 16 °C. Luftfeuchtigkeit: etwa 50%.
Vermehrung: Durch Aussaat.
Schädlinge: Sind selten.
Extra-Tip: Rückschnitt jederzeit möglich.

Pachira

Pachira aquatica

Die Pachira ist auf dem Zimmerpflanzenmarkt noch relativ neu, hat sich aber schon viele Freunde erworben. Sie ist pflegeleicht und sieht hübsch aus mit ihrem wasserspeichernden Stamm und den handförmig geteilten, schmalen Blättern.
Standort: Sonnig bis halbschattig.
Pflege: Das ganze Jahr über nur mäßig gießen. Düngen von März bis Ende August wöchentlich mit halber Portion. Wenn Pflanzen zu groß werden (das dauert allerdings lange), kann man sie auch zurückschneiden.
Überwinterung: Hell und warm, auch kühler, aber nicht unter 12 °C. Luftfeuchtigkeit: 50 bis 60%.
Vermehrung: Durch Aussaat oder Stecklinge.
Schädlinge: Treten selten auf.
Extra-Tip: Stecklinge brauchen viel Bodenwärme.

Palmfarn

Cycas revoluta

Palmfarne gab es auf der Erde schon zu Dinosaurier-Zeiten. Die meisten allerdings sind ausgestorben. Fast alle Zimmerpflanzen gehören zur Art *C. revoluta,* werden auch als Sagopalme verkauft. Der Palmfarn ist etwas für geduldige Gärtner: In jedem Frühjahr erscheint nur ein einziger neuer Blattkranz, der dann zum Ausreifen den ganzen Sommer braucht. Irgendwann aber kann die Pflanze über einen Meter groß sein und bis zu 150 cm lange Wedel besitzen. Da der Palmfarn so langsam wächst, ist er recht teuer.
Standort: Im Frühjahr und Sommer halbschattig bis schattig und warm. Ältere Pflanzen auch draußen.
Pflege: Im Sommer normal gießen, im Winter weniger. Düngen sollte man von März bis September wöchentlich, aber nur mit halber Portion.

Überwinterung: Hell und etwas kühler, um 15 °C. Luftfeuchtigkeit: 50 bis 60%. Steht der Palmfarn kühl, kann die Luft trockener sein.
Vermehrung: Durch Aussaat (langwierig).
Schädlinge: Wolläuse.
Extra-Tip: Von Zeit zu Zeit überbrausen.

Peperomie

Peperomia

So viele Peperomien, auch Zwergpfeffer genannt, gibt es, daß man damit viele Fensterbänke füllen kann. Allein über ein Dutzend Arten empfehlen sich fürs Zimmer. Und jede davon hat wieder mehrere Sorten zu bieten. Viele bilden kleine Büsche, andere wachsen kriechend oder sind dekorative Ampelpflanzen. Grüne und bunte Blätter gibt es, glatte und kräftig genarbte. Manche Arten bekommen kleine, weiße Blütenähren. Allen gemeinsam sind die fleischigen Stiele und dicken Blätter, die Wasser speichern können.

Standort: Hell bis halbschattig, ohne Sonne, und warm.
Pflege: Das ganze Jahr über nur mäßig gießen. Von Mitte März bis September alle drei Wochen düngen.
Überwinterung: Hell und warm, nie unter 18 °C. Luftfeuchtigkeit je nach Art: 50 bis 60%.
Vermehrung: Durch Stecklinge.
Schädlinge: Treten selten auf. Bei zu reichlichem Gießen können Blätter und Stengel faulen.
Extra-Tip: Bunte Sorten brauchen mehr Licht als grünblättrige. Je weicher die Blätter sind, umso höher muß die Luftfeuchtigkeit sein.

Philodendron

Philodendron

Der Philodendron gehört zu den Klassikern unter den Zimmerpflanzen – und zu den pflegeleichten. Oft wird er auch Baumfreund genannt, weil er in seiner Heimat gern an Bäumen hochklettert. Neben den kletternden gibt es aber auch aufrechtwachsende und kriechende Arten, solche mit Stamm und ohne, mit grünen oder bunten, glatten oder eingeschnittenen Blättern. Ein Philodendron kann beachtliche Maße erreichen. Mit zunehmendem Alter werden auch seine Blätter immer größer.

Standort: Hell bis halbschattig und warm.
Pflege: Im Sommer reichlich, im Winter sehr wenig gießen. Gelegentlich die Luftwurzeln besprühen. Düngen sollte man von März bis Ende August alle zwei Wochen.

Überwinterung: Hell und warm, nicht unter 20 °C. Luftfeuchtigkeit: 50 bis 60%.
Vermehrung: Durch Aussaat oder Stecklinge. Diese wurzeln auch in Wasser.
Schädlinge: Schildläuse.
Extra-Tip: Kahlgewordene Pflanzen kann man abmoosen.

Pfeilwurz

Maranta

Schlafmützchen oder Betpflanze wird diese hübsche Zimmerpflanze auch genannt. Diese Namen deuten auf eine ihrer Eigenarten hin: Am Abend stellt die Pflanze ihre Blätter senkrecht, wie zum Gebet.

Über zwanzig Maranta-Arten gibt es in den tropischen Regenwäldern Südamerikas. Etwa drei davon werden fürs Zimmer kultiviert. Am häufigsten trifft man *M. leuconeura* an, von der es mehrere Sorten, alle mit wunderschönen Blattmustern, gibt. In ihrer Heimat bekommt die Pfeilwurz Blüten, im Zimmer nicht.

Standort: Halbschattig, vor Sonne schützen, und warm.
Pflege: Im Sommer reichlich, im Winter weniger gießen, nur mit entkalktem, zimmerwarmem Wasser. Düngen von April bis Ende August alle drei Wochen mit Azaleendünger. Gelegentlich die Blätter reinigen.
Überwinterung: Hell und warm, nie unter 18 °C. Luftfeuchtigkeit: über 60%.
Vermehrung: Durch Teilung oder Stecklinge.
Schädlinge: Spinnmilben bei falschem Standort.
Extra-Tip: Maranten vertragen auf keinen Fall „kalte Füße". Bei Fensterbänken aus Stein sollten Sie im Winter ein Holzbrett oder ein Stück Teppichboden unterlegen.

Radermachera

Radermachera sinica

Gelegentlich wird sie als Zimmeresche verkauft. Einen endgültigen deutschen Namen aber hat die relativ neue Zimmerpflanze noch nicht. Dafür wird sie häufig auch unter dem lateinischen Namen *Stereospermum* angeboten. Obwohl die Radermachera aus Asien kommt, fühlt sie sich in unseren Wohnzimmern recht wohl: Sie ist pflegeleicht, wächst dabei rasch zum kleinen Bäumchen heran und sieht mit ihren gezähnten, sattgrünen Blättchen wirklich dekorativ aus.

Die Radermachera finden Sie in jedem Blumengeschäft, von klein bis groß, immer aber recht preiswert.

Standort: Hell, aber ohne grelle Sonne, und luftig.
Pflege: Im Sommer mäßig, im Winter noch weniger gießen. Düngen von März bis Ende August alle drei Wochen.

Überwinterung: Hell und kühl, bei etwa 15 °C. Luftfeuchtigkeit: 50 bis 60%.
Vermehrung: Durch Aussaat und Stecklinge.
Schädlinge: Blatt- und Schildläuse, Spinnmilben.
Extra-Tip: Hängen die Blätter, hilft ein Tauchbad.

Sansevierie

Sansevieria trifasciata

Die Sansevierie, auch als Bogenhanf bekannt, gehört zu den Agavengewächsen. Direkt aus dem Wurzelstock sprießen die fleischigen Blätter, die bis zu 120 cm hoch werden können. Sie sind dunkelgrün, haben oft einen hellen Streifen am Rand, graue Querbänder oder Zickzacklinien und enden in einer Spitze. Eine Sansevierie kann uralt werden, wächst dabei aber sehr langsam. Als ausgewachsene Pflanze bekommt sie einmal im Jahr Ähren mit zierlichen, weißen, duftenden Blüten, die viel Nektar absondern.
Standort: Sonnig bis halbschattig und warm.
Pflege: Im Sommer mäßig, im Winter noch weniger gießen. Düngen von März bis September monatlich mit Kakteendünger. Gelegentlich die Blätter abwischen.
Überwinterung: Hell, warm oder kühler, nie unter 15 °C. Luftfeuchtigkeit: unter 50%.
Vermehrung: Durch Teilung oder Blattstecklinge.
Schädlinge: Treten selten auf.
Extra-Tip: Der Topf für eine Sansevierie sollte nicht zu groß sein. Sie steht gerne eng im Gefäß.

Schusterpalme

Aspidistra elatior

Etwas Anspruchsloseres als die Schusterpalme können Sie unter den Topfpflanzen kaum finden. Sie wächst auch noch in der dunkelsten Ecke, verträgt plötzliche Temperaturschwankungen, gedeiht auch bei trockener Heizungsluft. Und wenn man sie nicht ganz vernachlässigt, sieht sie mit ihren dunklen Blättern sehr gut aus.
Trotz ihres Namens gehört die Schusterpalme nicht zu den Palmen, sondern zu den Liliengewächsen. Sie ist verwandt zum Beispiel mit Grünlilie und Zierspargel.
Standort: Halbschattig oder schattig, luftig.
Pflege: Regelmäßig gießen, im Sommer etwas mehr, im Winter etwas weniger. Düngen von März bis Ende August alle zwei Wochen, mit halber Portion. Gelegentlich die Blätter feucht abwischen.

Überwinterung: Warm oder kühl, nicht unter 10 °C. Luftfeuchtigkeit: unter 50%.
Vermehrung: Durch Teilung.
Schädlinge: Sind selten.
Extra-Tip: Wenn Blätter der Länge nach einreißen, haben Sie zu viel gedüngt.

Schefflera

Schefflera

Die Schefflera hat dunkelgrüne oder panaschierte, lackglänzende Blätter, die strahlenförmig um einen langen Stengel sitzen. Wegen dieser Blattanordnung wird sie auch „Strahlenaralie“ genannt. Bei guter Pflege wächst sie bis zu 30 cm im Jahr.
Die häufigste Zimmerart ist *S. actinophylla* aus Australien, die sehr kräftig wächst. Etwas kleiner bleibt *S. arboricola*, die es auch zweifarbig gibt. Noch relativ neu auf dem Markt ist *S. venulosa* aus Indien mit schmalen, gewellten Blättern.
Standort: Hell bis halbschattig, aber ohne grelle Sonne, luftig. Im Sommer auch draußen.
Pflege: Im Sommer normal, im Winter sehr wenig gießen. Düngen von März bis Ende August alle zwei Wochen, aber nur mit halber Portion. Gelegentlich die Blätter abwischen. Große Pflanzen kann man beschneiden.
Überwinterung: Hell, bei Temperaturen zwischen 12 und 20 °C. Luftfeuchtigkeit: 50 bis 60%.
Vermehrung: Durch Aussaat oder Stecklinge.
Schädlinge: Schild- und Wolläuse.
Extra-Tip: Bunte Sorten wärmer als grüne halten.

Schwertfarn

Nephrolepis

Der Schwertfarn zählt zu den robusten Farnen. Trotzdem haben viele Leute Kummer mit ihm. Meist liegt es am Gießen oder an zu trockener Luft. Ein Ausweg: Stellen Sie ihn ins – nicht zu dunkle – Bad. Dort ist die Luft feucht genug. Und kaufen Sie einen Schwertfarn stets im Sommer; er gewöhnt sich dann leichter an ein Leben im Zimmer.
Die wichtigste Schwertfarn-Art ist *N. exaltata* mit vielen Sorten. Sie bekommt bis zu 70 cm lange Wedel und hat kahle, grüne Blattstiele. *N. cordifolia* dagegen ist zierlicher mit geschuppten Wedelstielen.
Standort: Hell bis halbschattig, ohne grelle Sonne, und warm. Zugluft unbedingt vermeiden.
Pflege: Gleichmäßig feucht halten; ideal sind Töpfe mit Automatikbewässerung. Im Sommer tauchen. Entkalktes Wasser nehmen. Von März bis August alle zwei Wochen düngen.
Überwinterung: Warm oder kühler, aber nicht unter 16 °C, nicht zu dunkel. Luftfeuchtigkeit: 50 bis 60%.
Vermehrung: Durch Teilung, Sporenaussaat, Ausläufer.
Schädlinge: Blatt- und Schildläuse, Spinnmilben.
Extra-Tip: Im Sommer auch nach draußen stellen.

Tradeskantie

Tradescantia

M

Die Tradeskantie, auch Dreimasterblume, Wasserranke und Flinker Heinrich genannt, kann man nur jedem empfehlen, der noch wenig Übung im Umgang mit Zimmerpflanzen hat. Denn sie wächst schnell, nimmt selbst Pflegefehler nicht übel, läßt sich leicht vermehren – und ist außerdem noch eine wunderschöne Ampelpflanze.
Fürs Zimmer sind zwei Arten wichtig: *T. fluminensis* mit grünen und bunten Sorten und die *T.-Andersoniana-Hybriden* mit fleischigen Blättchen, die von unten violett sind.
Standort: Halbschattig oder schattig, bunte Sorten hell.
Pflege: Mäßig gießen, im Winter noch weniger. Düngen von März bis Ende August alle zwei Wochen mit halber Portion. Wenn bei bunten Sorten gelegentlich grüne Blätter wachsen, diese sofort abknipsen.
Überwinterung: Nicht zu dunkel, warm oder kühler, nicht unter 12 °C. Luftfeuchtigkeit: 50 bis 60%.
Vermehrung: Durch Stecklinge, auch in Wasser.
Schädlinge: Treten selten auf.
Extra-Tip: Mutterpflanzen vergreisen leicht. Man sollte sie deshalb oft durch Nachwuchs ersetzen.

Zierspargel

Asparagus

M

Früher kannte man ihn vor allem als Bindegrün bei Blumensträußen. Heute gehört der Zierspargel, der übrigens mit dem Gemüsespargel verwandt ist, zu den beliebtesten Zimmerpflanzen. Dabei gibt es mehrere Arten und Sorten, aufrechtwachsende, hängende und kletternde, mit schmalen und breiteren, nadelartigen und sogar herzförmigen Blättchen. Wissen muß man, daß die Blätter des Zierspargels tatsächlich „Scheinblätter", nämlich umgebildete Seitensprossen, sind. Die richtigen Blätter wiederum sind zu Dornen umgewandelt.
Standort: Hell, aber ohne grelle Sonne, und warm.

Pflege: Im Sommer reichlich gießen, alle zwei Wochen tauchen; im Winter weniger gießen. Düngen von April bis Ende August alle zwei Wochen.
Überwinterung: Hell, warm oder kühl, nicht unter 12 °C. Luftfeuchtigkeit: 50 bis 60%.
Vermehrung: Durch Aussaat oder Teilung.
Schädlinge: Sind selten.
Extra-Tip: Der Ballen darf nie austrocknen.

Yucca

Yucca

M

Erst in den sechziger Jahren wurde die Palmlilie, die man inzwischen fast nur noch unter ihrem lateinischen Namen *Yucca* kennt, als Zimmerpflanze entdeckt. *Y. aloifolia* hat blaugrüne, spitze, steife Blätter. *Y. elephantipes,* die Riesenpalmlilie, bekommt einen am Grund verdickten Stamm und viele Seitentriebe. *Y. gloriosa* ist von allen die kleinste Art, hat einen kurzen Stamm und breite Blätter.
Standort: Sonnig, im Sommer am liebsten auf Balkon oder Terrasse, im Zimmer sehr luftig.
Pflege: Im Sommer reichlich, im Winter mäßig gießen. Zwischendurch immer austrocknen lassen. Düngen von April bis Ende August alle drei Wochen. Pflanzen, die jährlich umgetopft werden, noch seltener düngen.
Überwinterung: Hell und sehr kühl, bei Temperaturen um 6 °C. Luftfeuchtigkeit: 50 bis 60%.
Vermehrung: Durch Seitentriebe und Stammstecklinge.
Schädlinge: Schild- und Wolläuse bei zu warmem Stand.
Extra-Tip: Eine ältere Yucca kann auch blühen. Sie bekommt dann eine riesige weiße Glockenrispe.

Zimmeraralie

Fatsia japonica

M

Im Laufe der Jahre kann eine Zimmeraralie bis zu zwei Meter hoch werden, bekommt dann einen richtigen Stamm und riesige Blätter. Neben der ursprünglichen dunkelgrünen Art gibt es inzwischen auch Sorten mit weißgemusterten Blättern. Ältere Pflanzen blühen auch: grünlichweiß und unscheinbar, ähnlich wie Efeublüten. Knipsen Sie Blüten ruhig sofort ab; die Aralie wächst dann besser.
Die Zimmeraralie sieht nicht nur gut aus. Sie ist auch robust, pflegeleicht und hat wenig Extrawünsche. Bunte Sorten sind allerdings etwas empfindlicher als grüne, brauchen vor allem mehr Licht.
Standort: Halbschattig bis schattig, im Sommer auch draußen, im Zimmer sehr luftig.
Pflege: Im Sommer reichlich gießen, im Winter weniger, immer vor Staunässe schützen. Düngen von April bis Ende August wöchentlich.

Überwinterung: Hell und kühl, bei 10 bis 15 °C. Luftfeuchtigkeit: 50 bis 60%.
Vermehrung: Durch Aussaat oder Stecklinge. Samen sind nur kurze Zeit keimfähig.
Schädlinge: Blattläuse.
Extra-Tip: Gelegentlich die Blätter feucht abwischen.

Zimmerbambus

Pogonatherum paniceum

Erst in den achtziger Jahren kam dieses Zimmergras auf den Markt. Mit dem Bambus, den man aus dem Garten kennt, hat es nur die große Familie der Gräser gemein. Ansonsten handelt es sich um ganz verschiedene Pflanzen. Tatsächlich verwandt ist der Zimmerbambus unter anderem mit dem Zuckerrohr.
Standort: Sonnig und warm. Im Sommer auch draußen, dann eher halbschattig stellen.
Pflege: Das ganze Jahr über reichlich gießen; der Ballen darf nie austrocknen. Düngen sollte man von April bis Ende August alle zwei Wochen.
Überwinterung: Hell und etwas kühler, aber nie unter 15 °C. Luftfeuchtigkeit: über 60%.
Vermehrung: Durch Teilung oder Wurzelausläufer.
Schädlinge: Treten selten auf.
Extra-Tip: Im Sommer sind auch Fußbäder gestattet.

Zimmerzypresse

Cupressus macrocarpa

Kaum eine Pflanze hat in den letzten Jahren einen solchen Boom erlebt wie die Zimmerzypresse. Ihre Vorteile: Sie ist preiswert und pflegeleicht.
Ihre natürliche Wuchsform ist pyramidenförmig. Häufig sieht man sie aber auch als Hochstämmchen. Da sie sehr rasch wächst, 30 bis 40 cm im Jahr, wird aus der kleinen Fensterbankpflanze schon bald ein großes Kübelgewächs.
Standort: Sehr hell, aber vor praller Sonne schützen. Luftig, im Sommer möglichst draußen.
Pflege: Im Sommer mäßig, im Winter noch weniger gießen. Aber nie die Erde ganz austrocknen lassen. Von April bis Ende August alle zwei Wochen düngen, aber nur mit der halben Portion.

Überwinterung: Hell, warm oder kühler, nicht unter 8 °C. Luftfeuchtigkeit: 50%.
Vermehrung: Durch Stecklinge im Sommer.
Schädlinge: Sind selten.
Extra-Tip: Die hellgrünen Nadeln duften, wenn man sie zwischen den Fingern zerreibt, leicht nach Zitrone.

Zimmerlinde

Sparmannia africana

Zimmerlinden sind groß im Kommen. Wenn Sie schon immer einen (gar nicht so kleinen) Baum in der Wohnung haben wollten, sollten Sie zugreifen. Die Pflanze wächst schnell und ohne Mühe. Wenn sie etwa einen Meter hoch ist und vor allem hell genug steht, bekommt sie zum Winterende 30 bis 40 mm große, weiße Blüten, die in Dolden zusammenstehen und einen schwachen Duft verströmen. Die Zimmerlinde ist übrigens eine echte Verwandte des Lindenbaumes.
Standort: Hell, aber nicht sonnig. Eventuell im Sommer draußen, dann aber wind- und regengeschützt.
Pflege: Im Sommer reichlich gießen, im Winter weniger. Düngen von März bis Ende August wöchentlich. Gelegentlich die Blätter mit einem Pinsel entstauben.
Überwinterung: Hell, aber möglichst kühl, bei Temperaturen zwischen 8 und 10 °C. Luftfeuchtigkeit: 50 bis 60%.
Vermehrung: Durch Stecklinge, auch im Wasser.
Schädlinge: Blatt-, Schild- und Wolläuse. Ein falscher Standort äußert sich auch in Blattschäden.
Extra-Tip: Schneiden Sie Stecklinge immer von Trieben, die bereits geblüht haben.

Zypergras

Cyperus

Mühe macht das Zypergras kaum – es wächst praktisch von allein, wenn man nur genug gießt. Dazu sieht es mit seinem schlanken, eleganten Wuchs außergewöhnlich dekorativ aus – vor allem, wenn es einen Soloplatz hat. Wenn Sie die Wirkung noch steigern wollen, sollten Sie den Topf in ein großes Glasgefäß stellen und die Zwischenräume mit kleinen, weißen Kieseln füllen.
Vom Zypergras gibt es eine ganze Reihe von Arten und Sorten unterschiedlicher Größe fürs Zimmer: zwischen 40 und 200 cm. Am häufigsten sieht man *C. involucratus.* Typisch sind die langen Stiele mit den Schirmen aus spitzen Blättchen.
Standort: Sonnig bis schattig, ideal ist Halbschatten. Luftig, im Sommer auch draußen – aber windgeschützt.
Pflege: Das ganze Jahr über reichlich gießen; es sollte immer Wasser im Untersatz stehen. Düngen sollte man von April bis Ende August alle zwei Wochen.

Überwinterung: Hell, warm oder kühler, nicht unter 10 °C. Luftfeuchtigkeit: über 60%.
Vermehrung: Durch Teilung oder Blattschöpfe.
Schädlinge: Spinnmilben.
Extra-Tip: Braune Blattspitzen zeigen trockene Luft an.

Becherblume

Nierembergia hippomanica

M

Die Becher- oder Schalenblume gehört bei uns noch zu den Neuheiten im Balkonkasten. Ihre besonderen Kennzeichen sind die feinen Blättchen und die schalenförmigen Blüten. Meist sind diese violett mit gelber Mitte. Es gibt inzwischen aber auch weiße und weinrote Züchtungen.
Die Becherblume hat bis zu 30 cm lange überhängende Triebe. Sie ist ideal als Unterpflanzung im Kasten oder Kübel, aber auch als Ampelpflanze. In ihrer Heimat Argentinien gehört sie zu den langlebigen Stauden. Mit Glück überwintert sie auch bei uns.
Blütezeit: Juni bis September.
Standort: Sonnig und warm.
Pflege: Die Erde immer leicht feucht halten, wöchentlich düngen, welke Blüten regelmäßig abknipsen.
Überwinterung: Hell und kühl, bei 8 bis 10 °C. Meist aber blüht die Becherblume im nächsten Jahr nicht mehr so schön. Deshalb werden oft nur Stecklinge überwintert.
Vermehrung: Stecklinge im August oder Aussaat im März.
Schädlinge: Blattläuse.
Extra-Tip: Stecklinge schon früh entspitzen, damit die Pflanzen schön buschig wachsen.

Blaue Mauritius

Convolvulus sabatius

M

Prächtige Trichterblüten hängen an dünnen, bis zu einem halben Meter langen Trieben, zwischen kleinen, silbergrünen Blättchen – die Blaue Mauritius kann sich auf jedem Balkon sehen lassen. Sie gehört zu den Windengewächsen, ist an den Küsten Nordwestitaliens, auf Sizilien und in Nordwestafrika zu Hause. Bei uns schätzt man sie als Balkonkasten- und Ampelpflanze. Hellblau bis violett sind die Blüten, öffnen sich bei schönem Wetter am Morgen und schließen sich am Nachmittag.
Blütezeit: Mai bis Oktober.
Standort: Sonnig und luftig.
Pflege: Die Erde stets leicht feucht halten, wöchentlich bis Ende August schwach düngen. Verblühte Triebe zurückschneiden, dann verzweigt sich die Pflanze und bildet mehr Blüten.
Überwinterung: Triebe beim Einräumen im Oktober um zwei Drittel kürzen. Die Pflanze hell und relativ trocken bei etwa 10 °C überwintern.
Vermehrung: Durch Stecklinge oder Aussaat im Frühjahr.
Schädlinge: Die Pflanze ist recht robust und wird selten krank.
Extra-Tip: Mehrere Pflanzen in ein Gefäß setzen, dann wirkt die Bepflanzung besonders üppig.

Begonie

Begonia-Hybriden

E M

Bei den Begonien unterscheidet man zwischen Immerblühenden oder Eisbegonien *(B. semperflorens)*, die nach der Blüte weggeworfen werden, und langlebigen Knollenbegonien. Immerblühende haben meist einfache, Knollenbegonien dicht gefüllte Blüten in kräftigen Farben. Neben aufrechten gibt es auch hängende Formen. Knollenbegonien sind von beiden die empfindlicheren, knicken bei Wind leicht um, werden schnell krank. Dafür vertragen sie mehr Schatten.
Blütezeit: Mai bis Oktober.
Standort: Je nach Sorte sonnig bis schattig, windgeschützt.
Pflege: Regelmäßig gießen, vor Staunässe schützen, alle zehn bis vierzehn Tage düngen.
Überwinterung: Knollen säubern, bei 5 bis 10 °C trocken lagern. Im März an einem hellen, warmen Platz antreiben.
Vermehrung: Immerblühende Begonien durch Aussaat Ende Dezember, Knollenbegonien durch Knollenteilung nach dem Austrieb.
Schädlinge: Thripse und Milben.
Extra-Tip: Beim Antreiben der Knolle darauf achten, daß die Delle, die Austriebsstelle, nach oben zeigt.

Blaues Gänseblümchen

Brachycome multifida

M

Wohl kaum eine Neuheit der letzten Jahre konnte einen solchen Erfolg verzeichnen wie das Blaue oder Australische Gänseblümchen, von dem es inzwischen auch weiße und rosa Varianten gibt. Die Blüten sind zwar winzig, dafür aber zahlreich. Sie duften angenehm. Die Triebe mit den winzigen fiedrigen Blättchen werden etwa 30 cm lang und hängen leicht über.
Blütezeit: Juli bis September.
Standort: Sehr sonnig.
Pflege: Mäßig, aber regelmäßig gießen, Austrocknen ist genauso schädlich wie Staunässe. Wöchentlich düngen.
Überwinterung: Hell und kühl, bei Temperaturen um 10 °C. Triebe um die Hälfte einkürzen, mäßig feucht halten. Die dunkelblauviolett blühende Art *B. iberidifolia* ist einjährig.
Vermehrung: Durch Aussaat im März oder durch Stecklinge.
Schädlinge: Weiße Fliegen.
Extra-Tip: Hübscher Bodendecker unter Kübelpflanzen.

Elfensporn

Diascia vigilis

Erst vor einigen Jahren wurde die uralte Pflanze aus Südafrika für den Balkonkasten entdeckt. Sie bildet breite Büsche, hat herzförmige Blättchen und sehr lange Blütenrispen. Besonders wetterbeständig und reichblühend ist die rosafarbene Sorte 'Elliot's Variety'.
Blütezeit: Von Anfang Mai bis in den September.
Standort: Sonnig bis halbschattig.
Pflege: Regelmäßig gießen, aber unbedingt Staunässe vermeiden. Wöchentlich düngen. Abgeblühte Rispen abschneiden.
Überwinterung: Hell und kühl, bei 6 bis 8 °C, wenig gießen.
Vermehrung: Durch Stecklinge.
Schädlinge: Treten selten auf.
Extra-Tip: In geschützten Lagen kann man versuchen, die Pflanze auf dem Balkon zu überwintern. Dann muß sie mit Topf frostfest verpackt werden.

Fleißiges Lieschen

Impatiens-Hybride

Das Fleißige Lieschen gehört zu den wenigen Sommerblühern, die bei den verschiedensten Lichtverhältnissen gedeihen. An einem Sonnenplatz allerdings müssen Sie reichlicher gießen. Außerdem verbrennen dunkelfarbige Blüten leicht bei zu viel Sonnenlicht.
Balkongärtner haben die Wahl zwischen den bekannten Fleißigen Lieschen aus dem tropischen Afrika *(I. walleriana)* und den neueren Neu-Guinea-Hybriden. Die Hybriden haben meist zweifarbige Blätter. Sie lassen sich leichter überwintern.
Blütezeit: Von Anfang Juni bis in den Oktober.

Standort: Sonnig bis schattig.
Pflege: Stets leicht feucht halten, wöchentlich düngen.
Überwinterung: Hell und kühl, bei 12 bis 15 °C.
Vermehrung: Durch Stecklinge oder Aussaat im Frühjahr.
Schädlinge: Bei trockener Witterung Blattläuse, Spinnmilben und Thripse, gelegentlich auch Weiße Fliegen.
Extra-Tip: Junge Pflanzen öfter stutzen, damit sie sich gut verzweigen und reichlich blühen.

Fächerblume

Scaevola saligna

In Farbe und Blütenfülle unschlagbar ist die Fächerblume, die den Sommer über blaue Blütenkaskaden ausbildet. Bis zu einem Meter lang werden die Triebe, an deren Enden bis zu 15 fächerförmige Blüten gleichzeitig blühen.
Die Fächerblume gehört zu den pflegeleichten Pflanzen: Sie putzt sich selbst, läßt Verblühtes einfach fallen.
Außerdem ist sie wetterfest, kommt auch in einem weniger sonnigen Sommer gut zurecht. Da die Blätter leicht sukkulent sind, schadet auch gelegentliche Ballentrockenheit nicht. Von Natur aus ist die Fächerblume mehrjährig. Eine Überwinterung lohnt nur, wenn ausreichend Platz vorhanden ist.
Blütezeit: April bis Oktober.
Standort: Sonnig bis halbschattig.
Pflege: Mäßig gießen, möglichst mit enthärtetem Wasser, wöchentlich niedrig dosiert düngen. Die Fächerblume ist etwas kalk- und salzempfindlich.
Überwinterung: Hell, bei 10 bis 15 °C, mäßig wässern. Im Frühjahr kräftig zurückschneiden.
Vermehrung: Durch Stecklinge, aber für Laien schwierig.
Schädlinge: Weiße Fliege.
Extra-Tip: Hervorragend als Ampelpflanze geeignet.

Fuchsie

Fuchsia-Hybride

Tausende von Fuchsien-Sorten gibt es, mit einfachen, halbgefüllten und gefüllten Blüten, in unendlich vielen Farbkombinationen, aufrecht wachsend oder hängend. Die meisten blühen auch an Schattenplätzen ausgezeichnet. Einige allerdings, vor allem höherwachsende Sorten, sind etwas windempfindlich.
Bei richtiger Überwinterung können Fuchsien viele Jahre alt werden und zu großen Büschen heranwachsen. Wer Spaß daran hat, kann Fuchsien auch recht einfach zu Hochstämmchen und Pyramiden ziehen.
Blütezeit: Juni bis Oktober.
Standort: Halbschattig bis schattig, einige Sorten sonnig.
Pflege: Den Sommer über reichlich gießen, bis Ende August wöchentlich düngen. Pflanzen regelmäßig putzen und zu Beginn der Wachstumszeit öfter stutzen.
Überwinterung: Beim Einräumen Triebe kürzen, hell und luftig bei 6 bis 8 °C überwintern, wenig gießen, im Frühjahr beschneiden.

Vermehrung: Durch krautige Stecklinge im Frühjahr oder halbreife im Sommer.
Schädlinge: Blattläuse, Weiße Fliege.
Extra-Tip: Gelbe Fuchsien werden wie Fuchsien gepflegt, gehören aber zur Gattung *Phygelius*.

Geranie

Pelargonium-Hybride

M

Bei Geranien oder (botanisch korrekt) Pelargonien unterscheidet man zwei Wuchsarten: stehende Geranien oder aufrechte Pelargonien *(P.-Zonale-Hybriden)* mit fleischigen Stengeln und Hängegeranien oder Efeupelargonien *(P.-Peltatum-Hybriden)* mit dünneren Trieben und schildförmigen Blättern.
Allen gemeinsam sind die vielen Blüten, die in Dolden am Ende langer Stiele sitzen. Die Farbpalette reicht von Weiß über Rosa und Rot bis Violett. Wenn Geranien verwöhnt werden, viel Sonne, viel Wasser, viel Dünger bekommen, danken sie es mit überwältigender Blütenfülle.
Blütezeit: April bis Oktober.
Standort: Sonnig, möglichst wind- und regengeschützt.
Pflege: Reichlich gießen, bis Ende August wöchentlich düngen, welke Blüten abknipsen.
Überwinterung: Hell bei etwa 5 °C, wenig gießen. Anfang März zurückschneiden und dann warm stellen.
Vermehrung: Durch Stecklinge im Spätsommer oder Aussaat im Januar auf der Fensterbank.
Schädlinge: Läuse, Spinnmilben.
Extra-Tip: Ein Fest für die Nase sind Duft-Pelargonien.

Goldfieber

Bidens ferulifolia

E

Eine der auffallendsten Neuheiten für den Balkon, die den ganzen Sommer über ein gelbes Blütenmeer bildet. Goldfieber, auch als Goldmarie oder Goldkosmos bekannt, ist eine pflegeleichte Pflanze, der auch starker Regen nichts ausmacht. Sie wächst sehr kräftig, kann dadurch aber auch andere Pflanzen im Kasten unterdrücken.
Blütezeit: Mai bis September.
Standort: Sonnig.
Pflege: Reichlich gießen und von Mai bis Ende August wöchentlich düngen.

Überwinterung: Entfällt, da einjährig.
Vermehrung: Durch Stecklinge im Spätsommer.
Schädlinge: Treten bei der robusten Pflanze nur selten auf.
Extra-Tip: Die Pflanze braucht nicht ausgeputzt zu werden, da welke Blüten einfach im jungen Laub verschwinden.

Glockenblume

Campanula-Hybriden

M

Zwar sind Glockenblumen vor allem wegen ihrer begrenzten Blütezeit keine klassischen Balkonblumen. Sie sind aber hübsch als Solisten in Ampeln, lassen sich auch gut mit anderen, höherwachsenden Pflanzen kombinieren. Am schönsten sind Partner mit zartfarbenen Blüten. Glockenblumen gibt es mit weißen oder blauen Blüten.
Balkongärtner können zwischen verschiedenen Arten wählen. Die Karpatenglockenblume *(C. carpatica)* wächst dicht und buschig, wird etwa 30 cm hoch. *C. isophylla*, die man als Zimmerpflanze kennt, bleibt etwas niedriger, hat besonders viele Blüten. *C. poscharskyana* ist eine flott wachsende Art mit bis zu 50 cm langen Trieben und sternförmigen, kleinen Blüten.
Blütezeit: Im Juni/Juli.
Standort: Sonnig bis halbschattig.
Pflege: Regelmäßig gießen, alle zwei Wochen düngen.
Überwinterung: Hell und kühl, bei 10 bis 12 °C, wenig gießen.
Vermehrung: Durch Teilung, Stecklinge oder Aussaat.
Schädlinge: Vor allem Blattläuse, Spinnmilben.
Extra-Tip: Frostfeste Gartenglockenblumen überwintern gut verpackt auf dem Balkon.

Kapkörbchen

Osteospermum ecklonis, früher *Dimorphotheca*

E

Kapkörbchen, auch Kapmargeriten genannt, sind so beliebt, daß es inzwischen schon Sorten in vielen Farben gibt: leuchtendgelb, orange, lilarosa, dunkelviolett, blendendweiß, mit blauer Mitte. Die Pflanze wird etwa 30 bis 35 cm hoch und wächst kompakt. Sie läßt sich gut mit anderen sonnenhungrigen Blumen kombinieren.
Blütezeit: Juli bis September.
Standort: Sonnig, warm und regengeschützt.
Pflege: Nur wenig gießen und alle zwei Wochen düngen. Verblühtes abschneiden, dann bilden sich mehr neue Knospen.
Überwinterung: Entfällt, da einjährig.
Vermehrung: Durch Aussaat im März/April bei etwa 15 °C.
Schädlinge: Treten nur selten auf.
Extra-Tip: Das Kapkörbchen liebt sonnige, warme Sommer. Bei naßkaltem Wetter leidet es.

Kapuzinerkresse

Tropaeolum-Hybride

Vom Geländerkasten aus läßt sich die Kapuzinerkresse dekorativ fallen, vom Blumenkasten auf dem Boden streben die Triebe nach oben, müssen aber angebunden werden.
Die Blätter sind rundlich, die Blüten groß, mit gekrümmtem Sporn. Die Farben variieren zwischen Gelb, Orange, Rosa und Rot. Verkauft werden heute vor allem Majus-Sorten mit meterlangen Trieben und Majus-Nanum-Sorten, die etwa 30 cm hohe Büsche bilden. Nur gelegentlich findet man im April vorgezogene Pflanzen. Man kann die Kapuzinerkresse aber leicht selbst aussäen.
Blütezeit: Juni bis Oktober.
Standort: Sonnig.
Pflege: Reichlich gießen, aber nur monatlich düngen. Keinen stickstoffbetonten Dünger nehmen, sonst wachsen nur Blätter und kaum Blüten.
Überwinterung: Entfällt, da die Kapuzinerkresse einjährig ist.
Vermehrung: Durch Aussaat im April direkt in den Kasten.
Schädlinge: Blattläuse.
Extra-Tip: Die Blätter der Kresse kann man im Salat, die Blüten als Speisendekoration verwenden.

Lobelie

Lobelia erinus

Auch als Männertreu sind die hübschen Glockenblumengewächse mit den aparten Blättchen und den winzigen Blüten bekannt. Meist sieht man hängende Sorten. In den letzten Jahren aber kamen verstärkt auch aufrechtwachsende Lobelien auf den Markt. Neben den klassischen blaublühenden Sorten gibt es inzwischen auch reinweißblühende und sogar magentarote.
Bei Lobelien sollte man nach der ersten Blüte beherzt zur Schere greifen und die Triebe um ein Drittel kürzen. Die Pflanze treibt dann noch einmal aus und blüht erneut.
Blütezeit: Mai bis August.
Standort: Am besten sonnig aber auch halbschattig.

Pflege: Mäßig gießen und wöchentlich niedrig dosiert düngen. Seien Sie mit stickstoffreichem Dünger sparsam, sonst bilden sich kaum Blüten.
Überwinterung: Entfällt, da einjährig.
Vermehrung: Durch Aussaat im März, bei etwa 18 °C.
Schädlinge: Treten selten auf.
Extra-Tip: Hängende Lobelien sind eine dekorative Unterpflanzung für Kübelbäumchen.

Kaskadenblume

Centradenia

Aus Mexiko und Guatemala stammt die Kaskadenblume, wird deshalb gelegentlich auch unter dem Namen „Mexikanische Spornblume" gehandelt. Die Kaskadenblume hat flaumig-behaarte Blätter, die von unten kupferfarben leuchten. Die überhängenden Triebe sind dicht besetzt mit kleinen, pinkfarbenen Blüten. Da die Blüten dicht zusammensitzen, hat die Pflanze gute Fernwirkung. Die Kaskadenblume blüht den ganzen Sommer über, legt aber zwischendurch kurze Pausen ein.
Blütezeit: Mai bis September.
Standort: Sonnig bis halbschattig, warm.
Pflege: Erde stets leicht feucht halten, alle 14 Tage schwach düngen. Verblühte Triebe nicht beschneiden, da sich daran neue Knospen bilden.
Überwinterung: Im Herbst zurückschneiden, hell und kühl, bei etwa 5 °C überwintern.
Vermehrung: Durch Stecklinge im Frühsommer.
Schädlinge: Weiße Fliege.
Extra-Tip: Die Kaskadenblume brauchen Sie nicht auszuputzen; sie wirft ihre welken Blüten von allein ab.

Margerite

Argyranthemum frutescens, früher *Chrysanthemum*

Neben der hochwachsenden bekannten Strauchmargerite, die es auch als niedrige Sorte für Balkonkästen gibt, eignen sich noch eine Reihe weiterer Varietäten für Kübel und Kästen. Manche Blüten sind so klein wie bei der Kamille, andere so groß wie die von Wiesenmargeriten. Einige blühen sogar gelb.
Margeriten vertragen auch nasses Wetter, blühen den ganzen Sommer über, kommen oft aber schlecht durch den Winter. Die niedrigen Kastenblumen werden deshalb einjährig gehalten.
Blütezeit: Ganzjährig.
Standort: Sonnig oder halbschattig.
Pflege: Reichlich gießen, wöchentlich düngen, welke Blüten abknipsen.

Überwinterung: Im September, vor dem ersten Frost, einräumen. Sehr hell, bei 8 bis 10 °C, überwintern. Im Frühjahr um ein Drittel zurückschneiden.
Vermehrung: Durch Stecklinge im Frühjahr oder Herbst. Jungpflanzen mehrmals entspitzen.
Schädlinge: Vor allem Blattläuse, Mehltau.
Extra-Tip: Margeriten sind mit ihren schlanken, beweglichen Stielen ideal für windige Balkone.

Mittagsgold

Gazania-Hybride

M

Es gibt rund 25 verschiedene wilde Gazanien-Arten. Verkauft werden aber fast ausschließlich Züchtungen. Für den Balkonkasten empfehlen sich niedrigbleibende Sorten, bis 25 cm Höhe.
Alle haben leuchtende Körbchenblüten in Gelb und Orange, aber auch in Weiß, Braun oder mit dunkler Blütenmitte. Ihre volle Schönheit kommt nur an einem Sonnenplatz zur Geltung. Je schöner das Wetter, desto üppiger entwickelt sich die Pflanze. Meist werden die Pflanzen nach dem Welken weggeworfen, man kann sie aber auch überwintern.
Blütezeit: Juni bis September.
Standort: Sonnig und warm.
Pflege: Trockenheit wird gut vertragen. Die Erde nur leicht feucht halten, wöchentlich düngen. Welkes abknipsen.
Überwinterung: Hell, bei etwa 5 °C, wenig gießen. Triebe im Frühjahr zurückschneiden.
Vermehrung: Durch Aussaat im März bei 18 °C oder durch Stecklinge im August.
Schädlinge: Treten selten auf.
Extra-Tip: In verregneten Sommern wird die Pflanze leicht von Grauschimmel befallen.

Pantoffelblume

Calceolaria integrifolia

M

Die Pantoffelblume ist eine der wenigen, die den ganzen Sommer über sonniges Gelb auf den Balkon bringt. Sie ist verwandt mit den frühlingsblühenden Pantoffelblumen fürs Zimmer.
Von Natur aus kann eine Pantoffelblume recht hoch werden. Für Balkonkästen wurden Sorten gezüchtet, die nicht mehr als 30 cm Höhe erreichen.
Die Pflanze ist ein wenig empfindlich, braucht vor allem gleichmäßige Feuchtigkeit, einen regengeschützten Platz. Dicht an der Straße, umgeben von Autoabgasen, mag sie nicht stehen.
Blütezeit: Mai bis September.
Standort: Halbschattig und regengeschützt.

Pflege: Immer leicht feucht halten, wöchentlich mit niedriger Dosis düngen. Welkes abschneiden.
Überwinterung: Hell und kühl, bei 8 bis 10 °C, wird aber meist einjährig gehalten.
Vermehrung: Durch Stecklinge im August oder Aussaat im Januar/Februar bei 15 °C.
Schädlinge: Blattläuse, Spinnmilben, Weiße Fliegen.
Extra-Tip: Bei zu feuchter Erde faulen die Stengel.

Nelke

Dianthus

E

Zwei Nelkenarten sind es, die zu den Balkon-Klassikern gehören. Die Sommer- oder Kaisernelke *(D. chinensis)* wird 20 bis 30 cm hoch und hat große, einzeln oder zu zweit stehende Blüten. Durch Züchtung sind viele Sorten entstanden. Bekannt sind die 'Magic Charm'-F_1-Hybriden mit kräftigem Wuchs und die 'Telstar Mixed-Mischung' mit zweifarbigen Blüten. Genauso beliebt wie die aufrechtwachsenden Nelken sind die Gebirgshängenelken *(D. caryophyllus)*, auch als Gartennelken bekannt. Sie haben lange Triebe und duftende Blüten, sind aber etwas regenempfindlich.
Blütezeit: Juni bis September.
Standort: Sonnig und regengeschützt.
Pflege: Regelmäßig gießen und alle zwei Wochen düngen, welke Pflanzenteile abschneiden.
Überwinterung: Entfällt, da einjährig.
Vermehrung: Durch Aussaat im März bei 16 bis 20 °C, Gebirgshängenelken auch durch Stecklinge im Herbst.
Schädlinge: Blattläuse, Spinnmilben.
Extra-Tip: Verwenden Sie für Nelken einen phosphor- und kalibetonten Dünger.

Petunie

Petunia-Hybride

E

Sie gehört zu den Klassikern unter den Balkonblumen, wird schon seit über 150 Jahren gezüchtet. Heute sind viele Sorten auf dem Markt, in jeder nur denkbaren Farbe, mit abgesetztem Blütenrand und sogar gestreift. Üblich sind einfache Blüten; es gibt aber auch gefülltblühende Sorten.
Das Neueste auf dem Petunien-Markt ist 'Surfinia': eine hängende Sorte mit meterlangen Trieben. Sie ist besonders reichblühend und wetterfester als „normale" Petunien, die bei Wind und Regen schnell zerzausen.
Blütezeit: Mai bis September.
Standort: Sonnig, windgeschützt.
Pflege: Reichlich gießen, wöchentlich schwach düngen, Welkes abknipsen.

Überwinterung: Entfällt, da einjährig.
Vermehrung: Durch Aussaat im Februar, bei etwa 20 °C.
Schädlinge: Blattläuse.
Extra-Tip: Nach der ersten Blüte um die Hälfte zurückschneiden; dann blühen Petunien erneut.

Portulakröschen

Portulaca grandiflora

E

Klein, aber fein präsentiert sich das Portulakröschen. Nur 15 bis 20 cm wird es hoch, hat aber besonders hübsche, große Blüten: einfach oder gefüllt, in reinem Weiß, strahlendem Gelb und Orange, in auffallendem Pink oder Karminrot. Allerdings öffnen sich die Blüten nur bei Sonnenschein, bei trübem Wetter bleibt die Pracht verborgen.
Die Pflanze breitet sich mit liegenden und hängenden Trieben, die mit runden, fleischigen Blättchen besetzt sind, schnell aus. Sie verträgt übrigens viel Hitze.
Blütezeit: Juni bis August.
Standort: Sehr sonnig und regengeschützt.
Pflege: Wenig gießen, einmal im Monat düngen.
Überwinterung: Entfällt, da die Pflanze einjährig ist.
Vermehrung: Durch Aussaat im März/April.
Schädlinge: Treten selten auf.
Extra-Tip: Mischen Sie die Blumenerde mit etwas Sand.

Studentenblume

Tagetes-Hybride

E

Sie gehören im Balkonkasten zu den Dauerblühern, die bis nach dem ersten Frost halten. Die Auswahl ist groß. Unter den *Erecta-* und *Patula-Hybriden* findet sich alles an Blütenformen, -größen und -mustern, was man sich nur vorstellen kann: einfache und gefüllte Blüten, riesige und winzige, ein- und zweifarbige, gelbe und orangefarbene. Aber auch *Tagetes tenuifolia* mit kleinen, einfachen Blüten ist dekorativ. In der Natur werden die Pflanzen rund 60 cm hoch; die Balkonkastenzüchtungen erreichen etwa 25 bis 30 cm. Sie duften aromatisch.
Blütezeit: Juni bis Oktober.
Standort: Sonnig oder auch halbschattig.

Pflege: Erde stets feucht halten, wöchentlich düngen, Welkes abknipsen, damit sich reichlich neue Knospen bilden.
Überwinterung: Entfällt, da einjährig.
Vermehrung: Durch Aussaat im Frühjahr (März) bei 18 °C.
Schädlinge: Blattläuse, Spinnmilben.
Extra-Tip: Tagetes passen besonders gut zu blaublühenden Balkonblumen.

Ringelblume

Calendula officinalis

E

Die Ringelblume ist eine altbekannte, ganz robuste Bauerngartenblume, die früher auch oft als Heilpflanze benutzt wurde. Für Balkonkästen wurden besonders niedrige, kompaktwachsende Sorten gezüchtet. Ringelblumen gibt es inzwischen in vielen Gelbtönen, Lachs, Apricot und Orange.
Blütezeit: Juni bis Oktober.
Standort: Sonnig.
Pflege: Erde stets leicht feucht halten. Wöchentlich düngen. Verblühtes abknipsen.
Überwinterung: Entfällt, da einjährig.
Vermehrung: Durch Aussaat im März/April bei 14 bis 16 °C.
Schädlinge: Blattläuse. In feuchten Sommern können Ringelblumen auch unter Mehltaubefall leiden.
Extra-Tip: Ringelblumen sind Lichtkeimer; die Samen darf man also bei der Aussaat nicht mit Erde bedecken, sondern nur andrücken.

Verbene

Verbena-Hybride

E

Ein starker Duft liegt in der Luft, wenn man an einem Topf mit Verbenen vorbeigeht. Sie sind aber nicht nur gut zu riechen, sondern auch schön anzuschauen: rund 10 cm hoch, meist aufrechtwachsend, einige Sorten auch überhängend, mit Blüten in doldenartigen, dichten Ständen. Die Farbskala reicht von Weiß über Rosa, Rot, Violett bis zu Blau. Besonders schön als Ampelpflanze ist die neue Hängeverbene 'Tapien'.
Selbst bei wenig Pflege blüht die Verbene, auch Eisenkraut genannt, bis zum ersten Frost. Besonders hübsch sehen Verbenen zu silberblättrigem Greiskraut aus.
Blütezeit: Mai bis Oktober.
Standort: Ein sonniger Platz garantiert üppige Blüte.

Pflege: Reichlich gießen, alle zwei Wochen düngen, welke Blütendolden abschneiden.
Überwinterung: Entfällt, da einjährig.
Vermehrung: Durch Aussaat im März bei 18 bis 20 °C.
Schädlinge: Thripse, Blattläuse, Spinnmilben.
Extra-Tip: Die Hängeverbene 'Kleopatra' ist nicht nur wetterfest, sondern auch bei Schmetterlingen beliebt.

Abutilon

Abutilon

Reichblühendes, immergrünes Malvengewächs mit ahornförmigem Laub in vielen verschiedenen Sorten und Blütenfarben. Etwas pflegeaufwendig, da die Pflanze regelmäßig geschnitten und jährlich Mitte März umgetopft werden muß.
Blütezeit: An einem hellen Standort mit kurzen Unterbrechungen fast das ganze Jahr.
Standort: Hell, aber vor praller Sonne, Wind und Regen geschützt aufstellen.
Pflege: Reichlich gießen, die zarten Blätter machen bei Wassermangel schnell schlapp. Von März bis Ende August wöchentlich düngen.
Überwinterung: Hell und kühl (um 10 °C). Wer keinen kühlen Winterplatz hat, kann die Pflanzen auch in der Wohnung überwintern. Je wärmer die Pflanze steht, um so mehr Wasser braucht sie.
Vermehrung: Durch Kopfstecklinge im Frühjahr und Sommer. Pflanzen nach dem Anwurzeln öfters entspitzen.
Schädlinge: Blattläuse, Schildläuse, Wolläuse, Weiße Fliegen.
Extra-Tip: Immer mehrere Stecklinge zusammen in einen Topf pflanzen. Dann bekommt man auch bei sich wenig verzweigenden Sorten üppige Pflanzen.

Bougainvillea

Bougainvillea glabra

Markenzeichen dieses Kletterstrauchs sind die auffällig gefärbten Hochblätter, die die eher unscheinbaren Blüten umgeben. Sie können in vielen Farben erstrahlen, am bekanntesten ist die purpurviolette Sorte ‘Sanderiana’.Die Bougainvillea läßt sich am Spalier, als Hochstämmchen oder Pyramide ziehen.
Blütezeit: April bis Juni oder später.
Standort: Vollsonnig und so warm wie irgend möglich.
Pflege: Während der Hauptwachstumszeit reichlich gießen und düngen. Langtriebe regelmäßig einkürzen.
Überwinterung: Kühl (bei 5 bis 10 °C), fast trocken und nach dem Laubfall auch dunkel. Zu lange Triebe zurückschneiden. Im Frühjahr wieder hell und warm stellen, um eine frühzeitige Blüte zu sichern.

Vermehrung: Durch halbreife Stecklinge im August.
Schädlinge: Blattläuse.
Extra-Tip: Wichtig für eine erneute Blüte ist die Einhaltung der kühlen, trockenen Winterruhe.

Bleiwurz

Plumbago auriculata

Zart blau oder weiß blühender Kletterstrauch, den man in vielerlei Form ziehen kann: als Hochstämmchen, flächig am Spalier oder auch als Ampelpflanze.
Blütezeit: Juni bis September.
Standort: Sonnig bis halbschattig. Blühende Pflanzen vor zuviel Regen schützen.
Pflege: In der Wachstumszeit reichlich gießen, alle zwei Wochen düngen. Verblühtes regelmäßig abzupfen.
Überwinterung: Triebe um ein Drittel zurückschneiden, hell und kühl stellen (5–10 °C), nur wenig gießen.

Vermehrung: Durch krautige Stecklinge im Frühsommer oder durch Aussaat im zeitigen Frühjahr.
Schädlinge: Blattläuse.
Extra-Tip: Bleiwurz blüht an den Triebenden. Entspitzt man die Pflanzen, damit sie buschiger wachsen, verzögert dies die Blüte.

Buchsbaum

Buxus sempervirens

Der robuste, immergrüne Busch wird auch im Kübel viele Jahre alt. Neben den üblichen grünblättrigen gibt es auch panaschierte Sorten. Buchsbaum läßt sich ausgezeichnet in Form schneiden, zu Kugeln, Kegeln, Spiralen, aber auch zu Figuren wie Vogel oder Eichhörnchen. Es gibt niedrige und höherwachsende Sorten.
Blütezeit: März und April (aber unauffällig).
Standort: Sonnig, halbschattig, auch ganz schattig.
Pflege: Mäßig gießen, die Erde darf aber nie austrocknen. Bis Ende August monatlich düngen. Geformte Pflanzen immer wieder nachschneiden.
Überwinterung: Im Freien, mit leichtem Winterschutz.
Vermehrung: Durch Teilung oder Stecklinge.
Schädlinge: Schildläuse.
Extra-Tip: Bei Überwinterung im Freien sollten Sie frostfeste Kübel nehmen.

Engelstrompete

Datura

M

Imposante Blütensträucher, deren große Trompetenblüten bei einigen Sorten in den Abendstunden sehr schön duften. Große Vielfalt an Sorten, die häufigsten Blütenfarben sind Weiß, Rosa und Gelb.

Blütezeit: Juli bis September, *D. sanguinea* von September bis in den Winter.

Standort: Eher halbschattig als vollsonnig; windgeschützt.

Pflege: Regelmäßig gießen, große Pflanzen an warmen Tagen zweimal. Von April bis August wöchentlich düngen, sehr hoher Nährstoffbedarf. Welke Blüten entfernen.

Überwinterung: Bei 5–12 °C, nur wenig gießen. Nach einem kräftigen Rückschnitt kann auch dunkel überwintert werden. *Datura sanguinea* hell und mäßig warm überwintern, damit sie im Winter weiterblüht.

Vermehrung: Durch Stammstecklinge im Frühjahr oder Sommer. Sie wurzeln leicht in Wasser oder Erde.

Schädlinge: Blattläuse, Blattwanzen.

Extra-Tip: Vorsicht, die Engelstrompete enthält in allen Teilen Giftstoffe, am meisten in den Blüten und Samen.

Granatapfelbaum

Punica granatum

M

Er hat als Kübelpflanze bereits eine jahrhundertealte Tradition. Für unsere Breiten eignen sich hauptsächlich die Ziersorten. Besonders reich blüht die Zwergsorte 'Nana'. Sie wird nur bis zu einem Meter hoch. Auch sie setzt Früchte an, diese reifen aber meist in unserem Klima nicht aus und sind auch nicht genießbar.

Blütezeit: Juni bis August.

Standort: Sonnig und warm.

Pflege: Braucht etwa zweimal in der Woche Wasser. Düngen alle vier Wochen bis August.

Überwinterung: Hell und kühl, bei 5–8 °C, die Pflanze verliert dann das Laub. Im Winter kaum noch gießen. Triebe bei Bedarf um ein Drittel einkürzen.

Vermehrung: Im zeitigen Frühjahr durch verholzte Stecklinge. Aus Samen gezogene Pflanzen blühen kaum. Sie sollten veredelt werden.

Schädlinge: Blattläuse, Weiße Fliegen.

Extra-Tip: Wenn die Zierformen Früchte bekommen, sollte man diese besser schon im Ansatz entfernen. Um so mehr Kraft hat die Pflanze für weitere Blüten.

Fuchsie

Fuchsia

M

Die Fuchsie ist ein klassischer Schattenblüher. Als Kübelpflanzen verwendet man meist aufrecht wachsende Sorten, die sich reich verzweigen. Sie sind vielseitig zu formen als Hochstämmchen, Pyramide oder Busch.

Blütezeit: Juni bis Spätherbst.

Standort: Halbschattig bis schattig, einige Sorten vertragen auch Sonne. Windgeschützt aufstellen.

Pflege: Regelmäßig gießen, nicht austrocknen lassen, aber Staunässe vermeiden. In der Wachstumszeit wöchentlich düngen. Junge Pflanzen im Frühjahr öfters entspitzen, damit sie sich reich verzweigen. Verblühtes ausputzen, Hochstämmchen brauchen unbedingt eine Stütze, an die sie gebunden werden.

Überwinterung: Kühl, bei Temperaturen von 5–10 °C, hell oder dunkel. Bei dunkler Überwinterung nach dem Blattfall nicht mehr gießen. Im Frühjahr zeitig an einem hellen Platz antreiben.

Vermehrung: Durch krautige Stecklinge im Frühjahr.

Schädlinge: Blattläuse, Weiße Fliegen.

Extra-Tip: Fuchsien im Kübel sind ideal als blühender Willkommensgruß im Eingangsbereich, der ja häufig nach Norden liegt.

Hammerstrauch

Cestrum

M

Leider noch zu wenig verbreitetes Nachtschattengewächs, das an den Triebenden Blütendolden in Rot, Gelb oder Orange trägt. Es kann als Busch oder Hochstämmchen gezogen werden.

Blütezeit: April bis Oktober, je nach Sorte verschieden.

Standort: Eher halbschattig, windgeschützt.

Pflege: Regelmäßig gießen, bis August wöchentlich düngen.

Überwinterung: Hell und kühl bei 5–10 °C. Gut lüften, um Pilzbefall vorzubeugen. Blüht in einem beheizten Wintergarten auch im Winter.

Vermehrung: Im Frühjahr und Frühsommer durch halbreife Stecklinge.

Schädlinge: Blattläuse und Weiße Fliegen.

Extra-Tip: Der Hammerstrauch enthält in allen Teilen Giftstoffe. Wer kleine Kinder hat, sollte vorsichtshalber auf die Pflanzen verzichten.

Hibiskus

Hibiscus rosa-sinensis

Beliebter Tropenstrauch mit vielfältiger Blütenpracht in leuchtenden Farben. Blüht an sonnigen, warmen Standorten fast ohne Unterbrechung. Wird als Busch oder Hochstämmchen angeboten.
Blütezeit: Normalerweise von April bis Oktober. Die Pflanze blüht aber bei ausreichend Licht an einem mäßig warmen und hellen Platz auch im Winter.
Standort: Sonnig und warm, möglichst vor Regen schützen.
Pflege: Täglich gießen, bei Trockenheit läßt die Pflanze schnell die Blätter hängen. Staunässe vermeiden. Vom Frühjahr bis zum Herbst regelmäßig düngen.
Überwinterung: Hell und mäßig kühl, aber nicht unter 12 °C stellen. Mäßig wässern, so daß der Wurzelballen nie ganz austrocknet.
Vermehrung: Durch halbverholzte Stecklinge im Sommer, diese bewurzeln aber oft nur unter Folie und mit Bewurzelungspulver.
Schädlinge: Blattläuse, Wolläuse, Weiße Fliegen. Bei warmer Überwinterung auch Spinnmilben.
Extra-Tip: Knospentragende Pflanzen möglichst nicht umstellen, sonst fallen diese ab. Auch Nährstoff- oder Wassermangel führt oft zum Knospenfall.

Kapmalve

Anisodontea capensis

Wird auch „Echtes Fleißiges Lieschen“ genannt, weil die Pflanze den ganzen Sommer über mit kleinen rosa Blüten bedeckt ist. Die Blätter ähneln denen vom Abutilon, sind aber kleiner. Kapmalven werden entweder buschigwachsend oder als Hochstämmchen verkauft.
Blütezeit: Mai bis September.
Standort: Sonnig.
Pflege: Mäßig gießen, aber nie austrocknen lassen. Bis Ende August alle zwei Wochen düngen. Abgeblühte Triebe abschneiden, dann wachsen neue Knospen nach.

Überwinterung: Hell und kühl, bei 8 bis 10 °C. Wenig gießen. Rückschnitt im Frühjahr.
Vermehrung: Durch Aussaat oder Stecklinge.
Schädlinge: Weiße Fliegen.
Extra-Tip: Bei Überwinterung in einem hellen Gewächshaus oder Wintergarten setzt die Pflanze schon im Frühjahr viele Blüten an.

Hortensie

Hydrangea macrophylla

Sie wächst zum stattlichen Strauch heran, mit riesigen Blütenbällen in Weiß, Rosa oder Blauviolett. Diese „Blüten“ werden allerdings von gefärbten Hochblättern gebildet.
Blütezeit: Juni bis August.
Standort: Am besten halbschattig.
Pflege: Im Sommer reichlich gießen, mit enthärtetem Wasser. Düngen alle zwei Wochen bis August. Abgeblühte Dolden müssen Sie abschneiden.
Überwinterung: Hell oder dunkel und kühl, bei 4 bis 8 °C. Wenig gießen.
Vermehrung: Durch Stecklinge im Juli (schwierig).
Schädlinge: Blattläuse, Spinnmilben.
Extra-Tip: Gelbe Blätter mit deutlich sichtbaren Adern (Chlorose) sind ein Zeichen für zu hartes Gießwasser. Dagegen hilft Spezialdünger.

Kerzenstrauch

Cassia

Dekorative Blütensträucher mit gelben Blüten. *C. didymobotrya* hat auffallende, hoch über dem Laub stehende Blütenkerzen. Auch *C. corymbosa* blüht goldgelb, sie wächst aber buschiger und trägt lockere Blütendolden.
Blütezeit: Juli bis Oktober, im Wintergarten sogar bis in den Winter hinein.
Standort: Vollsonnig.
Pflege: Reichlich gießen, bis August wöchentlich düngen.
Überwinterung: *C. didymobotrya* hell und mäßig kühl, nicht unter 10 °C, fast trocken halten; *C. corymbosa* verträgt auch niedrigere Temperaturen, wird deshalb erst sehr spät eingeräumt und kann dunkel und trocken überwintern. Triebe beim Einräumen kräftig zurückschneiden.

Vermehrung: Im Frühsommer durch halbreife Stecklinge oder im zeitigen Frühjahr durch Aussaat.
Schädlinge: Blattläuse, Weiße Fliegen.
Extra-Tip: Bei zeitiger Aussaat im Januar können die Jungpflanzen von *Cassia didymobotrya* schon im Spätsommer die ersten Blüten tragen.

Korallenstrauch

Erythrina crista-galli

Eine ganz problemlose Kübelpflanze, die uralt werden kann und leicht zu überwintern ist. Sie wird fast zwei Meter hoch, hat auffällige, korallenrote Blüten an den Spitzen der langen, peitschenförmigen Triebe.
Blütezeit: Juli bis September.
Standort: Sonnig bis halbschattig.
Pflege: Regelmäßig gießen und in der Wachstumsphase (bis Ende August) einmal in der Woche mit einem Blühdünger düngen. Verblühtes regelmäßig entfernen, um die Bildung weiterer Blüten anzuregen.
Überwinterung: Kühl und dunkel, die Pflanze verliert ihr Laub. Nicht gießen. Im Frühjahr alle Triebe bis auf wenige Zentimeter zurückschneiden.
Vermehrung: Im Frühjahr durch junge Seitentriebe, die man mit einem Stück Rinde vom Haupttrieb abreißt oder durch Aussaat. Das geht sehr leicht. Allerdings blühen aus Samen gezogene Pflanzen oft erst nach drei bis vier Jahren das erste Mal.
Schädlinge: Weiße Fliegen.
Extra-Tip: Jedes Jahr zurückschneiden, damit sich an der Basis neue Blütentriebe bilden. Ohne Rückschnitt hängen die überlangen Triebe sonst bis zur Erde.

Nachtschatten

Solanum

Solanum-Arten sind noch relativ neu auf dem Kübelpflanzenmarkt, aber schon sehr beliebt. Am bekanntesten ist der blaublühende Kartoffelbaum *(S. rantonnetti).* Aber auch der duftende Kletterjasmin *(S. jasminoides)* mit weißen oder zartblauen Blüten ist eine zauberhafte Kübelpflanze.
Blütezeit: Juni bis Oktober, Kletterjasmin schon ab März.
Standort: Sonnig bis halbschattig.

Pflege: Reichlich gießen. Bis August wöchentlich düngen. Die Triebe beim Einräumen im Herbst etwa um die Hälfte zurückschneiden.
Überwinterung: Dunkel und kühl, bei 4 bis 8 °C. Kaum gießen.
Vermehrung: Durch Stecklinge im Sommer.
Schädlinge: Blattläuse, Spinnmilben, Weiße Fliegen.
Extra-Tip: Solanum-Arten sind in allen Teilen giftig.

Lagerströmie

Lagerstroemia indica

Wird auch als Flieder des Südens oder Kreppmyrte bezeichnet. Die üppigen Blütenrispen des Strauches gibt es in Rosafarben, Violett oder Weiß.
Blütezeit: Im Spätsommer, ab August.
Standort: Warm und sonnig.
Pflege: Viel gießen, vor allem während der Knospenentwicklung verträgt die Pflanze keine Trockenheit. Vom Austrieb bis zum August regelmäßig düngen.
Überwinterung: Die Lagerströmie braucht im Herbst erst spät eingeräumt zu werden, da sie bis –15 °C verträgt. Dann kühl und dunkel stellen, nicht wärmer als 5 °C. Triebe vor dem Einräumen kräftig zurückschneiden.
Vermehrung: Durch Stecklinge im Frühjahr und Sommer. Sie bewurzeln nur unter Folie bei mindestens 22 °C Wärme.
Schädlinge: Blattläuse, bei naßkalter Witterung Grauschimmel.
Extra-Tip: Die Pflanze blüht an den Enden der einjährigen Triebe, deshalb ist der Rückschnitt im Herbst wichtig, um im Frühjahr das Wachstum vieler neuer Triebe anzuregen.

Oleander

Nerium oleander

Der Klassiker unter den blühenden Kübelpflanzen. Reiche Blüte nur bei sehr warmem, sonnigem Wetter. Ungezählte Sorten mit einfachen und gefüllten Blüten in vielen Farbnuancen. Vor allem die gefüllten Sorten duften stark nach Honig.
Blütezeit: Von Juni bis September, im warmen Wintergarten auch schon eher.
Standort: Vollsonnig und so warm wie möglich, vor Regen schützen. Sorten mit gefüllten Blüten sind anfälliger gegen Regen als ungefüllt blühende Sorten.
Pflege: Täglich gießen, die Pflanze darf nicht austrocknen. Sie verträgt bei warmem Wetter auch leichte Staunässe. In der Wachstumsphase wöchentlich düngen.
Überwinterung: Hell und kühl, verträgt Temperaturen bis –5 °C, ideal sind 5–15 °C. Im Herbst möglichst nicht zurückschneiden, da an den vorjährigen Blütenständen schon Knospen für das nächste Jahr vorhanden sind. Nur einzelne, verkahlte Triebe bis zur Basis wegnehmen.

Vermehrung: Durch Stecklinge im Sommer. Diese bewurzeln unter einer Folientüte leicht.
Schädlinge: Blattläuse, Schildläuse, Oleanderkrebs.
Extra-Tip: Vorsicht, Oleander ist in allen Teilen sehr giftig.

Podranea

Podranea ricasoliana

Fleißig blühender Kletterstrauch, der noch viel zu wenig bekannt ist. Die rosafarbenen, glockigen Trichterblüten stehen in langen Rispen an den Triebenden. Die dunkelgrün belaubte Pflanze gehört zu den Bignoniengewächsen.
Blütezeit: Juni bis Oktober, im Wintergarten bis Dezember.
Standort: Vollsonnig.
Pflege: Regelmäßig gießen und in der Wachstumszeit wöchentlich düngen. Die Podranea hat einen hohen Nährstoffbedarf, da sie sehr schnell wächst.
Überwinterung: Triebe vor dem Einräumen zurückschneiden. Hell und kühl überwintern, bei 5–10 °C. Kann nach dem Blattfall auch dunkel stehen.
Vermehrung: Im Frühjahr durch Stecklinge.
Schädlinge: Blattläuse.
Extra-Tip: Die Podranea braucht ein stabiles Rankgerüst im Kübel, an dem man ihre langen, biegsamen Triebe befestigt.

Seidenbaum

Albizia

Mit Akazien nahe verwandter Baum mit fein gefiederten Blättern und Blütenrispen mit auffälligen rosafarbenen Staubgefäßen. Da die Pflanze am Abend ihre Blätter runterklappt, wird sie auch Schlafbaum genannt.
Blütezeit: Juli bis September.
Standort: Sonnig und warm.
Pflege: Gleichmäßig wässern, von März bis Ende Juli wöchentlich düngen. Verblühtes regelmäßig entfernen.

Überwinterung: Verträgt Temperaturen bis –5 °C. Frostfrei und kühl überwintern, hell oder auch dunkel.
Vermehrung: Durch Aussaat im Frühjahr.
Schädlinge: Schildläuse.
Extra-Tip: *Albizia lophantha* ist eine winterblühende Art mit gelben Blütenbüscheln. Sie eignet sich gut für frostfreie Wintergärten, ist aber auch im Sommer dekorativ mit ihrem gleichmäßigen Wuchs und der feinen Fiederung der Blätter.

Schmucklilie

Agapanthus

Eine der schönsten Kübelpflanzen, die im Sommer meterhohe Stiele mit blauen, manchmal auch weißen Blütendolden bekommt, in denen sich oft über hundert Einzelblüten befinden. Die langen, riemenförmigen Blätter sind immergrün. Eine Schmucklilie ist am schönsten als Solitärpflanze.
Blütezeit: Juli/August.
Standort: Vollsonnig bis halbschattig.
Pflege: Reichlich gießen, aber Staunässe vermeiden, zur Wachstumszeit wöchentlich düngen.
Überwinterung: Hell und kühl, die Temperaturen sollten 8 °C nicht übersteigen. Bei wärmerer Überwinterung blüht die Pflanze im nächsten Jahr nicht. Wurzelballen nur so feucht halten, daß er nicht austrocknet.
Vermehrung: Durch Teilen des Wurzelstocks im Frühjahr.
Schädlinge: Treten selten auf.

Strauchmargerite

Argyranthemum frutescens, früher *Chrysanthemum*

Eine der beliebtesten Kübelpflanzen, die fast das ganze Jahr über mit Blüten übersät ist. Strauchmargeriten gibt es buschigwachsend, aber auch als Hochstämmchen. Wer Geduld hat, kann sich auch selbst ein Bäumchen ziehen.
Blütezeit: Fast das ganze Jahr, wenn ein geeignetes Winterquartier zur Verfügung steht.
Standort: Sonnig bis halbschattig.
Pflege: Reichlich gießen, in der Wachstumsphase wöchentlich düngen. Abgeblühtes regelmäßig entfernen.
Überwinterung: Hell, bei Temperaturen von 5–10 °C. Nur mäßig feucht halten. Beim Ausräumen im Frühjahr alle Triebe etwa um ein Drittel zurückschneiden.

Vermehrung: Im Frühjahr durch Kopfstecklinge.
Schädlinge: Blattläuse und Minierfliegen.
Extra-Tip: Bei den gelben Strauchmargeriten handelt es sich um *Euryops athanasiae.* Pflege und Überwinterung entsprechen der weißblühender Pflanzen.

Strelitzie

Strelitzia reginae

Das Besondere an diesem Bananengewächs sind die auffallenden Blüten in Orange und Blau, die aus einem bootförmigen Hochblatt wachsen. Sie haben der Pflanze auch den Namen „Paradiesvogelblume“ eingetragen. Die Strelitzie kann bei guter Pflege über anderthalb Meter hoch werden.
Blütezeit: Februar bis August.
Standort: Sonnig und windgeschützt.
Pflege: Mäßig gießen. In der Wachstumsphase alle vierzehn Tage düngen.
Überwinterung: Hell und mäßig kühl, bei 8 bis 12 °C. Nur wenig gießen.
Vermehrung: Durch Teilung oder Aussaat. Sämlinge brauchen einige Jahre bis zur ersten Blüte.
Schädlinge: Schildläuse.
Extra-Tip: Beim Umtopfen aufpassen, daß die Wurzeln nicht verletzt werden.

Wandelröschen

Lantana-Camara-Hybride

Blütenstrauch aus der Familie der Verbenengewächse. Die halbrunden Blütenstände wechseln vom Auf- zum Verblühen ihre Farbe. Sie sind sehr beliebt bei Schmetterlingen. Die kleinen, dunkelgrünen Blätter haben eine rauhe Oberfläche. Hübsch auch als Hochstämmchen.
Blütezeit: Juni bis Oktober.
Standort: Sonnig und warm.
Pflege: Regelmäßig gießen, während der Wachstumszeit alle vierzehn Tage düngen.
Überwinterung: Hell und fast trocken, bei Temperaturen von 5–10 °C. Die Pflanze verliert ihr Laub und wird im Frühjahr vor dem Austrieb kräftig zurückgeschnitten.
Vermehrung: Durch noch nicht verholzte Kopfstecklinge im Frühjahr nach dem Austrieb.

Schädlinge: Weiße Fliegen.
Extra-Tip: Die beerenartigen Früchte rechtzeitig entfernen. Die Beeren sind giftig und verhindern eine weitere Blütenbildung.

Tibouchina

Tibouchina urvilleana

Ein anspruchsvoller Blütenstrauch mit leuchtend blauvioletten Blüten und samtig behaarten Blättern, die sich im Herbst und Winter rötlich verfärben.
Blütezeit: August bis März.
Standort: Sonnig bis halbschattig.
Pflege: Mäßig feucht halten, bis Ende August alle 2 Wochen düngen.
Überwinterung: So hell wie möglich, ideal ist ein Platz im mäßig warmen Wintergarten, wo die Pflanze den Winter über weiter blühen kann. Sonst kühl und bei 5–10 °C fast trocken überwintern.
Vermehrung: Durch halbreife Stecklinge im Frühjahr. Bewurzeln allerdings nicht leicht, nur unter Folie bei Temperaturen um 25 °C. Junge Pflanzen entspitzen.
Schädlinge: Treten selten auf.
Extra-Tip: Da die Pflanze leicht verkahlt, ist ein regelmäßiger Rückschnitt wichtig. Dieser sollte im zeitigen Frühjahr erfolgen. Danach den Neuaustrieb mehrmals entspitzen, damit die Pflanzen mehr Seitentriebe bildet.

Zitruspflanzen

Citrus

Bei richtiger Pflege reicher Blüten- und Fruchtschmuck. Für die Kübelkultur geeignete Arten: Zitrone, Limequat, Kumquat, Orange, Mandarine oder auch Grapefruit. Es gibt auch spezielle Ziersorten für den Kübel, deren Früchte besonders lange an den Pflanzen hängenbleiben.
Blütezeit: Je nach Art unterschiedlich.
Standort: Vollsonnig und warm.
Pflege: Regelmäßig gießen, aber Staunässe unbedingt vermeiden. Möglichst kalkarmes Regenwasser verwenden. Die Pflanzen in der Hauptwachstumszeit wöchentlich düngen, am besten mit einem organischen Dünger.
Überwinterung: Hell und kühl, bei Temperaturen von 5–10 °C. Nur mäßig gießen.
Vermehrung: Durch Stecklinge im Frühsommer oder durch Aussaat und Veredelung der Sämlinge.

Schädlinge: Blattläuse, Schildläuse; Spinnmilben bei zu warmer Überwinterung.
Extra-Tip: Wenn Zitruspflanzen im Herbst ihre Blätter verlieren, sollte man sie möglichst trocken und kühl stellen. Oft blühen blattlos überwinterte Pflanzen im kommenden Frühjahr sogar besonders üppig.

Register

Seitenzahlen *KURSIV:*
Pflanze ist im Bild dargestellt.
Seitenzahlen NORMAL:
Stichwort ist im Text erwähnt.
Seitenzahlen **FETT:**
Ausführlicher Beitrag und Bild.

A

Abutilon (s. a. Schönmalve) **184**
Acalypha (siehe Katzenschwanz)
Achimenes (siehe Schiefteller)
Adenium (siehe Wüstenrose)
Adiantum (siehe Frauenhaarfarn)
Adventsschmuck **94**
Aechmea (siehe Lanzenrosette)
Aeschynanthus (siehe Schamblume)
Affenschaukel 23, **168**
Agapanthus (siehe Schmucklilie)
Agave 22, 104, 148, **164**
Ageratum (siehe Leberbalsam)
Aglaonema (siehe Kolbenfaden)
Albizia (siehe Seidenbaum)
Allamanda (siehe Goldtrompete)
Alpenveilchen 25, 37, 55, 112, **154**
Amaryllis 57, **154**
Ampelpflanzen für den Balkon **124**
fürs Zimmer 41, **46**, 157, 159, 161, 168, 169, 170, 176
Ananas 23, 68
Anemone 82
Anisodontea (siehe Kapmalve)
Anthurie (s. a. Flamingoblume) *26*, *38*, 43, **156**
Anzucht 17, 25, **77**, **141**
Aphelandra (siehe Glanzkölbchen)
Ardisia (siehe Spitzblume)
Argyranthemum (siehe Margerite)
Arrangement von Zimmerpflanzen **36**
Asien-Balkon **106**
Asparagus (siehe Zierspargel)
Aspidistra (siehe Schusterpalme)
Asplenium (siehe Nestfarn)
Asteriscus (siehe Goldmünze)
Aucuba (siehe Goldorange)
Australische Buschkirsche *66*
Australische Silbereiche (s. a. Grevillea) **164**
Avocado 23
Azalee *7*, *10*, 12, 55, **154**

B

Badezimmer mit Pflanzen **18**
Balkonblumen Ton in Ton **96**
Balkonpflanzen **78**, **178**
Balkonpflanzen-Pflege **136**
Bambus *11*, 107
Banane *21*, 22, 34, **164**
Bartblume 116
Bartnelke 121
Basilikum 30, 115
Bauerngarten-Balkon **120**
Bayern-Balkon **110**
Beaucarnea (siehe Flaschenbaum)
Becherblume 103, **178**
Begonie 25, *44*, 57, *89*, 97, 101, **154**, **178**
Bellis (siehe Tausendschönchen)
Bergpalme 26, *59*, **164**
Betelpalme *59*
Bidens (siehe Goldfieber)
Birkenfeige (s. a. Ficus) 34, 52, **165**
Blattbegonie 25, *38*, **165**
Blaue Balkonblumen **102**
Blaue Mauritius 86, 103, 124, **178**
Blaues Gänseblümchen 103, 124, **178**
Blaues Lieschen *44*, **155**
Blausternchen *83*
Blechnum (siehe Rippenfarn)
Bleiwurz *47*, 148, **184**
Blütenbegonie (siehe Begonie)
Bonsai 43, **66**, *106*
Borretsch *31*, 115
Bougainvillea *21*, 22, 43, *47*, 104, 144, **184**
Brachycome (siehe Blaues Gänseblümchen)
Bromelie (s.a. Lanzenrosette) 19, **68**
Browallie **155**
Brunfelsie 25
Brunnenkresse *33*
Bubikopf 19, *39*, **165**
Buchsbaum 90, 94, 121, 144, 148, **184**
Buntblättrige Pflanzen **50**, 157, 160, 165, 166, 167, 168, 169, 170, 171, 172, 174, 175, 176
Buntnessel 23, 52
Buxus (siehe Buchsbaum)

C

Caladium (siehe Kaladie)
Calathea (s. a. Korbmarante) *51*, **172**
Calceolaria (siehe Pantoffelblume)
Calendula (siehe Ringelblume)
Callistephus (siehe Sommeraster)
Camellia (siehe Kamelie)
Campanula (siehe Glockenblume)
Canna *106*
Carmona (siehe Fukien-Tee)
Cassia (siehe Kerzenstrauch)
Cattleya 41
Celosia (siehe Federbusch)
Centradenia (siehe Kaskadenblume)
Cereus *65*
Cestrum (siehe Hammerstrauch)
Chamaedorea (siehe Bergpalme)
Cheiranthus (siehe Goldlack)
Chilenischer Jasmin 146
Chinesische Ulme 67
Chlorophytum (siehe Grünlilie)
Christusdorn 23, *44*
Chrysantheme 27, 90, *99*, 107
Cinerarie 27, **155**
Cissus (siehe Klimme)
Citrus (siehe Zitrus)
Clematis 109, 116, 126
Clivia (siehe Klivie)
Codiaeum (siehe Kroton)
Columnea (siehe Kolumnee)
Convolvulus (siehe Blaue Mauritius)
Cordyline (siehe Keulenlilie)
Corynocarpus **165**
Crassula (siehe Geldbaum)
Cupressus (siehe Zimmerzypresse)
Cycas (siehe Palmfarn)
Cyclamen (siehe Alpenveilchen)
Cyperus (siehe Zypergras)

D

Dattelpalme 23, 58, 104, **166**
Datura (s. a. Engelstrompete) *98*, **185**
Dendranthema (siehe Herbstchrysantheme)
Dianthus (siehe Nelke)
Diascia (siehe Elfensporn)
Dickblattgewächse 148
Dieffenbachia 25, 27, 52, **166**
Diele mit Pflanzen **14**
Dill 115
Dipladenie 25
Doronicum (siehe Gemswurz)
Dracaena (siehe Drachenbaum)
Drachenbaum *24*, 27, **166**
Drehfrucht **155**
Duftende Balkonblumen **116**
Duftpelargonie 12, 116, **133**, **166**
Duftresede 116
Duftsteinrich *89*, 97
Duftwicke 86, 116
Dyssodia (siehe Gelbes Gänseblümchen)

E

Echeverie 23
Edelpelargonie **156**
Efeu 14, *17*, 25, 26, 52, 94, 126, **167**
Efeuaralie 25, **167**
Efeutute 17, 19, **167**
Einblatt **156**
Elfensporn 109, **179**
Engelstrompete (s. a. Datura) 97, 116, 146, 148, **185**
England-Balkon **108**
Ensete (siehe Banane)
Epipremnum (siehe Efeutute)
Erdstern 68
Erica (siehe Heide, Schneeheide)
Erythrina (siehe Korallenstrauch)
Estragon *33*, 115
Eugenia *66*
Eukalyptus 104, 116
Euphorbia (s. a. Weihnachtsstern) 148
Exacum (siehe Blaues Lieschen)

F

Fächerblume 103, 107, 124, **179**
Farn 17, 18, 27, **60**
Fatshedera (siehe Efeuaralie)
Fatsia (siehe Zimmeraralie)
Federbusch 101
Felberich 98
Felicia (siehe Kapaster)
Fensterblatt 25, 52, **167**
Fernost-Balkon **106**
Fetthenne **168**
Feuerbohne 110, 126
Ficus 52, 67, **165**, **170**
Fiederaralie **168**
Fingeraralie 25, **168**
Fischschwanzpalme 58
Flamingoblume (s. a. Anthurie) *18*, *27*, *44*, **156**
Flammendes Käthchen 23, **156**
Flaschenbaum 23, **168**
Fleißiges Lieschen *27*, *44*, *78*, *85*, *88*, 97, 101, *123*, **179**
Flur mit Pflanzen **14**
Frauenhaarfarn 61, **169**
Frauenschuh 41

Frühlingsbalkon **80**
Fuchsie 27, 101, 109, 124, 146, 148, **179, 185**
Fukien-Tee 67
Funkie 107

G

Gardenie 25, **157**
Gazania (siehe Mittagsgold)
Geigenfeige 34
Geißblatt 98, 116, 126
Gelbe Balkonblumen **98**
Gelbe Margerite *89, 98*
Gelbes Gänseblümchen 99
Geldbaum 23, **169**
Gemswurz 82
Geranie 86, 97, 100, 110, 124, **132, 180**
Gerbera 23
Geweihfarn 26, 61, **169**
Gewürzstrauch 116
Glanzkölbchen *52*, **157**
Glockenblume 25, 48, *88*, 103, 109, 112, **157, 180**
Gloriose 25, **157**
Gloxinie **158**
Glyzine 116
Goldfieber 99, 124, **180**
Goldfruchtpalme 58
Goldlack 82, 116, 121
Goldmarie (siehe Goldfieber)
Goldmünze 86, 99, 112, 124
Goldorange 107
Goldtrompete 23, **158**
Granatapfel 23, 67, 100, 104, **185**
Grevillea (s. a. Austral. Silbereiche) 25, **164**
Grünlilie 17, 23, *24*, 48, 52, *123*, **169**
Gruppenpflanzungen **36**
Gummibaum (s. a. Ficus) 27, 29, 34, **170**
Gundermann 97
Guzmanie 68

H

Halbschattenfenster **24**
Hammerstrauch 148, **185**
Hanfpalme 58
Harfenstrauch 52, 97
Hebe (siehe Strauchveronika)
Hedera (siehe Efeu)
Heidekraut (s. a. Schneeheide) 90
Helianthus (siehe Sonnenblume)
Heliotrop (s. a. Vanilleblume) *78*, 103, 116
Herbstaster 90
Herbstbalkon **90**
Herbstchrysantheme 92
Hibiskus *21*, 22, 43, *100, 105*, 107, **158, 186**
Hippeastrum (siehe Amaryllis)
Hortensie 27, 97, 109, 121, 144, 148, **186**
Howeia (siehe Kentiapalme)
Hoya (siehe Wachsblume)
Huckepackpflanze 48, **170**
Husarenknöpfchen 99, 112
Hyazinthe *80*
Hydrangea (siehe Hortensie)
Hydrokultur **42**
Hyophorbe *59*
Hypoestes **170**

I

Ilex (siehe Stechpalme)
Impatiens (siehe Fleißiges Lieschen)
Indianernessel 116
Iris 116, 118

J

Jacaranda (siehe Palisander)
Japanhopfen 126
Jasmin 12, 23, **158**
Judenbart **170**

K

Kaffeebaum 25
Kakteen 12, 22, 29, 37, 43, **62**, 148
Kaladie **171**
Kalanchoe
(s. a. Flammendes Kätchen) *38*, **156**
Kalla (s. a. Zimmerkalla) 23, *39*, 57
Kalmus *122*
Kamelie 55, **159**
Känguruhwein (s. a. Klimme) *48*
Kapaster 86, 103, 112
Kapkörbchen 97, 99, 112, **180**
Kapmalve **186**
Kapuzinerkresse 86, 99, 116, 122, **181**
Kartoffelbaum *102*
Kaskadenblume 103, 124, **181**
Katzenschwanz 25, **159**
Kentiapalme 58, **171**
Kerbel 30, 115
Kerzenstrauch **186**
Keulenlilie 25, *52*, **171**
Kinder-Balkon **122**
Kletterhortensie 126
Kletterpflanzen auf dem Balkon **126**
im Zimmer **46**, 157, 158, 160, 161, 163, 167, 171
Klimme 27, **171**
Klivie **159**
Knollenbegonie 98, *101*
Knöterich 97, 122, 126
Kokospalme 18, 58
Kolbenfaden 27, **172**
Kolumnee 19, **159**
Konifere (s. a. Nadelgehölze) 90, **94**
Königswein (s. a. Klimme) *49*
Korallenmoos 19, *38*
Korallenstrauch 23, 148, **187**
Korbmarante (s. a. Calathea) *52*, **172**
Krankheiten **76, 139, 151**
Kranzschlinge 25, *47*, **160**
Kräuter auf dem Balkon 110, **114**
im Zimmer **30**, 43
Kresse 30, 122
Krokus 55, 82
Kroton 23, 52, **172**
Kübelpflanzen **142, 184**
für den Halbschatten **148**
Kübelpflanzen-Pflege **150**
Kübelteich **118**
Küche mit Pflanzen **16**
Kußmäulchen 23

L

Lagerströmie **187**
Lantana (siehe Wandelröschen)
Lanzenrosette (s. a. Bromelie) 68, **160**
Lathyrus (siehe Duftwicke)
Lavendel 32, 104
Leberbalsam 103
Lederfarn 61
Leuchterblume 46
Levkoje 116
Lichtverhältnisse **28**
Liebstöckel 115
Lilie 97, 116
Lobelie 103, 124, **181**
Lobularia (siehe Duftsteinrich)
Lorbeer 104, 146
Löwenmäulchen 116, 121
Lysimachia (siehe Felberich)

M

Madagaskarpalme *45*, **172**
Magerite *85*, 97, 112, *120*, 146, **181, 188**
Majoran 32, 115
Malaienblume 41, 57
Malve 121
Marante (s. a. Pfeilwurz) *51*, **174**
Medinille **160**
Mediterraner Balkon **104**
Microlepia 61
Mittagsblume 104, 148
Mittagsgold 86, 97, 99, **182**
Mittelmeer-Balkon **104**
Monopsis 124
Monstera (s. a. Fensterblatt) *14*, **167**
Murraya (siehe Orangenraute)
Musa (siehe Banane)
Myrte 23, *36*, 67, 116, **173**

N

Nachtschatten *143*, **187**
Nachtviole 116
Nadelgehölze (s. a. Konifere) 107
Narzisse (s. a. Osterglocke) 82
Nelke 86, 97, 101, 116, *120*, 121, 124, **182**
Nephrolepis (siehe Schwertfarn)
Nerium (siehe Oleander)
Nestfarn 61
Nestrosette 68
Nierembergia (siehe Becherblume)
Nordfenster **26**

O

Oleander 22, 97, *100*, 104, 116, *143*, **187**
Olive 104
Oncidium 41
Opuntie *65*
Orange (s. a. Zitrus) 22, *104*, **160**
Orangenraute 67
Orchidee 19, 25, **40**, 43, 55
Oregano 115
Osteospermum (siehe Kapkörbchen)
Osterglocke (s. a. Narzisse) *80*
Osterschmuck **80**
Ostfenster **24**

P

Pachira *10, 35*, **173**
Pachypodium (siehe Madagaskarpalme)
Palisander 25, 34, **173**
Palme *10*, 12, 25, 34, **58**, *105*, 144
Palmfarn **173**
Pantoffelblume *78*, 99, **161, 182**
Paphiopedilum (siehe Frauenschuh)
Passiflora (siehe Passionsblume)
Passionsblume 23, *47*, **161**
Pelargonium (siehe Geranie)

Pelargonium-Grandiflorum-Hybride (siehe Edelpelargonium)
Pellefarn 61
Peperomie **174**
Pernettya (siehe Torfmyrte)
Petersilie 30, 115
Petunie (s. a. Surfinie) 86, 97, 101, 103, **134, 182**
Pfeilwurz (s. a. Marante) **174**
Pflanzenarrangements **36**
Pflanzenkrankheiten **76, 139, 151**
Pflanzenleuchten **28**
Pflanzenriesen **34**
Pflanzenschädlinge **76, 139, 151**
Pflege:
Balkonpflanzen **136**
Kübelpflanzen **150**
Zimmerpflanzen **70**
Philodendron 17, 27, **174**
Phlox 116
Phoenix (siehe Dattelpalme)
Platycerium (siehe Geweihfarn)
Plumbago (siehe Bleiwurz)
Podranea **188**
Pogonatherum (siehe Zimmerbambus)
Polyscias (siehe Fiederaralie)
Polystichum (siehe Lederfarn)
Portulacaria (siehe Speckbaum)
Portulakröschen 86, 101, 104, **183**
Primel *24,* 27, 80, **161**
Pteris (siehe Saumfarn)
Punica (siehe Granatapfel)

R

Radermachera 25, **174**
Radieschen 122
Ranunkeln 82
Rhododendron (s. a. Azalee) 80, *147,* **154**
Riesenpflanzen **34**
Ringelblume 99, 110, 112, *120,* 122, **183**
Rippenfarn 61
Rittersporn 110
Rosafarbene Balkonblumen **100**
Rose (s. a. Topfrose) 23, 109, 116, *120,* **128, 162**
Rosmarin 30, 104, 115, *143*
Rote Balkonblumen **100**
Russischer Wein (s. a. Klimme) *14*

S

Saintpaulia (siehe Usambaraveilchen)
Salbei 86, 98, 100, *102,* 115
Salvia (siehe Salbei)
Sansevierie 23, **175**
Sanvitalia (siehe Husarenknöpfchen)
Saumfarn 61
Saxifraga (siehe Judenbart)
Scaevola (siehe Fächerblume)
Schädlinge **76, 139, 151**
Schamblume *47,* **161**
Schattenfenster **26**
Schefflera *15,* 25, *26,* 34, 52, **168, 175**
Schiefteller 25, **162**
Schlafzimmer mit Pflanzen **12**
Schmucklilie 107, 146, **188**
Schneeflockenblume 97, 109, 125
Schneeglöckchen 55
Schneeheide (s. a. Heidekraut) 94
Schnittlauch 30, 115
Schönmalve (s. a. Abutilon) 34
Schusterpalme 27, 29, **175**
Schwarzäugige Susanne 86, 99
Schwertfarn 61, **175**
Schwiegermutterstuhl *65*
Sedum (siehe Fetthenne)
Seerose 118, *122*
Seidenbaum **188**
Senecio bicolor (siehe Silberblatt)
Senecio-Cruentus-Hybride (siehe Cinerarie)
Silberblatt 92, 100
Simse 19, *39*
Sinningia (siehe Gloxinie)
Skandinavien-Balkon **112**
Solanum (s. a. Nachtschatten) 146, **187**
Soleirolia (siehe Bubikopf)
Sommeraster 92, 101
Sommerbalkon **84**
Sonnenbalkon **87**
Sonnenblume 99, 110, 121, 122
Sonnenfenster **22,** 64
Sparmannia (siehe Zimmerlinde)
Spathiphyllum (siehe Einblatt)
Speckblume *66*
Spitzblume **162**
Stechpalme 94, 104
Steckenpalme 58
Stephanotis (siehe Kranzschlinge)
Stiefmütterchen 80
Stockrose 112
Strauchmagerite (s. a. Margerite) **188**
Strauchveronika 92
Strelitzie **189**
Streptocarpus (siehe Drehfrucht)
Strohblume *125*
Studentenblume (s. a. Tagetes) *78,* 99, **183**
Südbalkon **87**
Südfenster **22,** 64
Sukkulente 62, 146
Sumpfbeet 39
Surfinia 107, 124, **134**
Sutera (siehe Schneeflockenblume)

T

Tagetes (s. a. Studentenblume) 122, **183**
Taglilie 98, 116
Tausendschönchen 80
Thunbergia (siehe Schwarzäugige Susanne)
Thymian 30
Tibouchina 148, **189**
Tillandsie 68
Tolmiea (siehe Huckepackpflanze)
Tomate 110, 122
Topfrose (s. a. Rose) 23, 97, 100, **162**
Torfmyrte 92
Tradeskantie 14, 27, **176**
Tropaeolum (siehe Kapuzinerkresse)
Tulpe 55, 82

U

Urlaubsbalkone **104**
Usambaraveilchen 19, 27, 37, 43, **162**

V

Vanilleblume (s. a. Heliotrop) 103, 146
Verbene 86, 100, 103, 124, **183**
Vergißmeinnicht 80, *122*
Vermehrung 17, 25
Viola (siehe Stiefmütterchen)
Vriesea 68
Vuylstekeara 41

W

Wachsblume 27, **163**
Wandelröschen **189**
Wassergarten **118**
Wasserpflanzen **118**
Weihnachtskaktus 55
Weihnachsstern 55, **163**
Weinrebe 46, 126
Weiße Balkonblumen **96**
Westfenster **24**
Wicke (s. a. Duftwicke) 121
Winde 96, 121
Winterbalkon **94**
Winterblüher im Zimmer **54**
Wohnzimmer mit Pflanzen **10**
Wolfsmilchgewächse 148
Wunderblume 116
Wüstenrose 23, **163**

Y

Yucca 14, *21,* 23, 34, 104, **176**

Z

Zantedeschia (siehe Zimmerkalla)
Ziergras *91,* 94, 107, 118
Zierkohl 90
Zierkürbis 122
Zierlauch 107
Zierspargel *19,* 26, 46, **176**
Ziertabak 97, 116
Zimmeraralie *15,* 27, **176**
Zimmerbambus *19,* 23, **177**
Zimmerbonsai **66**
Zimmerhafer 25, 68
Zimmerkalla (s. a. Kalla) 57, **163**
Zimmerlinde *13, 24,* 34, **177**
Zimmerpflanzen **6, 154**
Zimmerpflanzen-Pflege **70**
Zimmertanne 25
Zimmerzypresse **177**
Zinnie 86, 101
Zitrone (s. a. Zitrus) 23, *104*
Zitronenmelisse 30, 115
Zitrus (s. a. Orange, Zitrone) 104, 144, **189**
Zwergpalme 58
Zwergpfeffer 19
Zylinderputzer 23
Zypergras 18, *24,* 39, *118, 123,* **177**

FOTOGRAFEN
Apel, Becker, Besser-Lahtz, Borstell, Caspersen, Eisenbeiss, Fotodienst Fehn, Hansen, Kischnik, König, Kramp + Gölling, Lauert, Leni-Hydrokultur, Markmann, Redeleit, Reinhard-Tierfoto, Sammer, Seibold, Strauß, Svenska Photoplant, Tydecks, Welsch, Wengel, Wetterwald.